찰칵찰칵

# 찰칵 찰칵

잊지 마,
힘든 오늘은
멋진 추억이 될 거야!

송창민 지음

해냄

물 위에 떠 있는 것처럼 흐릿하게 흔들리고 있는
모든 '나'에게 이 책을 바칩니다.

프롤로그

# 모든 흔들림이 도약의 발판이 되기를!

인생이란 홀로 외줄타기를 하는 것과 같다. 저쪽에 무엇이 있는지 알 순 없지만 줄을 타야 한다. 아무도 그 이유를 알려주진 않는다. 내가 스스로 찾아야 할 뿐.

까마득한 저 아래로 떨어질까 두렵다. 어떤 사람은 너무 무서워 아직까지 한 발짝도 떼지 못하고 제자리에 매달려 쉬고 있다. 잡아줄 누군가를 기대해 보지만 결국 깨닫는다. 아무도 자신을 잡아줄 수 없다는 것을.

건너편에서 누군가 나를 보고 있다는 생각에 우쭐해 재주도 넘어보지만 잠깐 시선을 돌릴 뿐, 저마다 각자의 줄을 타느라 여념이 없다. 중심을 잡기가 어려워 흔들흔들, 넘어질 듯 말 듯.

그 모습이 꽤 우스꽝스럽지만 한편으로는 대견하다. 이만큼이라도 건너올 수 있었으니까.

나는 오늘도 아슬아슬한 줄 위에 서 있다. 하지만 다시 양팔을 벌리고, 어제와는 또다른 공기를 크게 들이마시고, 조심스레 앞을 향해 나간다. 이제는 즐기련다. 매 순간을 감싸안고 느끼련다. 그러면 저쪽 어딘가에 무엇이 있든지 후회하진 않으리라.

살아가면서 매번 중심을 잃고 흔들릴 때, 이 책으로 인해 모든 흔들림이 도약을 위한 움직임으로 해석될 수 있기를……

2009년 11월
송창민

차례

프롤로그 모든 흔들림이 도약의 발판이 되기를! 6

## 1장 나에게 주는 선물

좋고 싫음 14 | 친애하는 당신에게 16 | 어떤 주인 18 | 오락게임 19 | ★★ ★★★ 20 | 9대 1의 싸움 22 | 휴대용 자신감 24 | 늑대가 나타났다 26 | 마음의 깔때기 28 | 있다 없다 30 | 눈금 없는 자 31 | 나약한 전제 32 | 건강 염려증 34 | 관계의 이상형 36 | 어색한 고독 38 | 독단 42 | 자부심 부여 44 | 만약에 47 | 1인 2역 48

## 2장 사랑과 이해 사이

녹화 테이프 52 | ㅋㅋㅋ 54 | 마음 피부는 민감성 56 | 연인 관계의 도박 58 | 물밑작전의 고수 62 | 남자라서 65 | 철창 안 여자 66 | 기교의 부작용 68 | 이상형의 함정 70 | 출장의 필살기 71 | 여자의 허락 72 | 출제자의 의도 74 | 망상의 추행 75 | 헤어지자 78 | 주머니 속에 숨어버린 손 80 | 더 사랑하는 사람과 덜 사랑하는 사람 82 | 기억할 게 많은 여자 84 | 권태기의 배려 85 | 관계의 냉장고 86 | 잘못된 기대 88 | 애완용 사랑 90 | 등 돌린 이유 93

## 3장 외롭거나, 혹은 귀찮거나

접근 96 | 어떤 기다림 97 | 엉터리 라푼젤 이야기 98 | 사랑 풍선 102 | 좋아하는 것과 가까운 것 103 | 슬픈 반란 104 | 가위바위보 법칙 106 | 체질 배려 108 | 아직도 미련이? 110 | 무대효과 112 | 참 잘했어요 113 | 묻는 자의 슬픔 114 | 끄덕끄덕 116 | 엄친아 118 | 그걸로는 부족해 119 | 안타까운 우정 120 | 불편한 배려 124 | 착한 여자 126

## 4장 세상의 벽 앞에 서다

방황 130 | 슬픔+슬픔 132 | 번지점프 134 | 진통제와 치료제 136 | 찰칵 찰칵 138 | 어둠의 조련사 140 | 사랑의 가산점 142 | 가시 144 | 무지한 실랑이 145 | 주름의 역사 146 | 그저 웃지요 149 | 몰라도 돼 150 | 뒤끝 없는 나 151 | 뽀빠이 전설 154 | 일상 보고 157 | 순도 100퍼센트의 눈물 158 | 사랑을 버리는 이유 160

## 5장 나를 잘 아는 건 나 자신입니다

거북이의 착각 164 | 신기한 유머 166 | 숫자의 올가미 168 | 풀 수 없는 포장 171 | 터져버린 풍선 174 | 남자의 덤터기 177 | 불행한 행복 178 | 컬러링 180 | 스타일의 요점 181 | 된장녀 182 | 시간 184 | 삭제 185 | 사라져가는 길 186 | 불공정거래 190 | 밥 이야기 191 | 집착 192 | 자만 194

## 6장 오늘도 좋은 하루

만회의 열두 시간 198 | 이어달리기 201 | 아름다운 착각 204 | 병아리의 꿈 206 | 소년과 바다 208 | 내가 아는 것 214 | 내일 생각합시다 216 | 날씨 217 | 해외여행 218 | 어느 취업준비생의 낭만 220 | 요술봉 한 자루 224 | 둘 만의 힘 226 | 전화번호≫전화번호 찾기≫아버지 228 | 비가 오면 230 | 리셋 232 | 향기 234 | 기억 235

에필로그 흔들리던 그때, 누군가 나를 붙잡아주었다면…… 236

## 1장

나에게 주는 선물

## : 좋고 싫음

 

어렸을 때 내가 가장 좋아하는 것은 '통닭'이었고 가장 싫어하는 것은 '김치'였다. 하지만 시간이 지날수록 가장 좋아하고 싫어하는 것이 무엇인지 단번에 말하기가 쉽지 않다. 한참을 생각해도 답이 나오지 않는다.

살아가면서 싫어하는 것을 좋은 척해야 했으며
좋아하는 것도 싫은 척해야 했기 때문이다.

결국 좋고 싫음의 경계선은 희미해진다. 싫어한 일들을 버젓이 하기도 하고 좋아하던 것을 모두 놓치기도 한다. 최악의 상황은, 좋아하든 싫어하든 달라질 것은 없다고 스스로 인정해 버리고 아예 포기하는 경우이다. 진지하게 생각할 수도, 솔직해질 수도 없다면 그때부터 내가 누군지도 모른 채 살아갈 수밖에 없다. 자신만의 기준은 사라지고 외부 환경에 대한 좋고 싫음만을 말하게 될 것이다. 자신의 마음은 알지 못한 채 그저 남들이 좋아하는 것이 좋은 것이라며 만족할 것이다.

그렇게 자신의 생각은 서서히 사라져간다.

사람은 원래 이기적이라고 한다. 하지만 자신이 좋아하는 것이 무엇인지 싫어하는 것이 무엇인지도 모르면서 자신을 위한다고 할 수 있을까? 어쩔 수 없이 싫어하는 것과 맞부딪힐 때도 좋아하는 것이 무엇인지 분명히 안다면 그것을 위해 참고 견딜 수 있을 것이다.

… 친애하는 당신에게

당신을 만난 것은 나의 실수였습니다.
그것은 사랑이 아니었습니다.
잠시 한눈을 팔았을 뿐, 당신을 사랑할 수는 없었습니다.

사실 내 안에는 당신보다 훨씬 더 믿음직스러운 사람이 있답니다.
온통 그 사람으로 가득 차 당신이 들어올 자리가 없어요.

너무 화내지는 말아요.
그 사람에게 돌아갈 수밖에 없는 내가 나도 원망스러워요.
하지만 어쩔 수 없어요.
그 사람과의 부메랑 놀이는 끝이 보이지 않으니까요.

내가 나쁜 건 알지만, 염치없게도 부탁이 하나 있어요.
아주 특별한 날, 당신을 찾아가도 될까요?
그 사람은 크리스마스처럼 특별한 날엔 나를 혼자 두거든요.
그런 날을 빼고는 당신과 멀어진 지금이 좋아요.

앞으로는 그 사람에게만 충실할 겁니다.
지금까지 늘 그래왔던 것처럼.

P.S. 그 어떤 사랑도 없던 일로 만들고 언제나 돌아오게 만드는 그 사람은 바로 나입니다. 미안해요. 하지만 용서해 줄 거라고 믿어요. 당신도 나와 같을 테니까.

사랑, 잠시 나를 잊었다가 다시 내게로 돌아오는 길고도 짧은 여정.

# 어떤 주인

강아지를 기르는 사람들에게, 끝까지 책임지지 못할 것 같으면 차라리 기르지 말라고 말하곤 한다. 애완동물은 어떤 주인을 만나느냐에 따라 모든 것이 결정되기 때문이다. 좋은 주인을 만난 강아지는 죽을 때까지 별 탈 없이 행복하게 지낼 것이다.

내 마음이 나를 꽤 괜찮은 주인으로 믿고 받아들인다면, 그리고 내가 내 마음을 끝까지 책임지고 돌본다면 우리 인생도 소멸되지 않는 안락함으로 둘러싸일 것이다.

강아지는 끝까지 주인을 믿는다. 나의 주인인 나는?

# 오락게임

무료라기에 게임을 시작했다.
막상 시작해 보니 너무 재미있다.
게임에 빠져 있는 시간이 점점 늘어간다.
게이머끼리 경쟁 구도가 형성되어 승부욕을 자극한다.
동고동락하는 친구가 생겨 더 이상 외롭지도 않다.
레벨을 올리기 위해서라면 밤낮도 따로 없다.
레벨에 맞게 유료 아이템을 장착한다.
이제는 유료라도 게임을 끊을 수 없다.
드디어 만 렙을 달성했다.
게임 오버.

무료해서 다른 게임을 시작했다.

무료함을 달래기 위해 시작한 게임이 자신도 모르는 사이 게임하는 시간 이외의 모든 시간을 무료하게 만들어버릴지도 모른다.

    그가 고른 영화는 평점 별 다섯 개짜리였습니다. 잔뜩 기대하며 그 영화를 보러 갔지만 안타깝게도 이미 매진이었습니다. 그래서 우리는 그냥 시간에 맞는 다른 영화를 선택하게 되었습니다. 운이 좋게도, 대타로 본 영화는 독특한 스토리의 아름답고 감동적인 영화였습니다. 시간 가는 줄 모르고 영화를 감상했습니다.

    그런데 영화가 끝나자마자 그는 자리에서 벌떡 일어나 불만 가득한 목소리로 말했습니다.

    "별로잖아! 내가 고른 영화를 봤어야 했는데. 별 다섯 개짜리래도!"

    저는 차마 영화가 정말 재미있었다고 말할 수가 없었습니다.

    "알았어, 내가 미안해. 우리 그만 집에 가자."

    뭐가 미안한지 몰랐지만 그저 무안한 그 순간을 피하고 싶었습니다. 그렇게 우리는 서로 찜찜한 기분을 안고 각자 집으로 돌아갔습니다.

    집에 와서도 오늘 본 영화의 여운이 사라지지 않았습니다. 하지만 그에 대한 서운한 마음이 오랜만에 느껴보는 감동을 방해했습니다. 잠시 뒤, 그에게 전화가 왔습니다.

"오늘 본 영화 평점이 얼마인 줄 알아? 별 한 개도 못 채웠더라! 내 그럴 줄 알았어!"

그는 다음에는 꼭 별 다섯 개짜리 영화를 보러 가야 한다고 저를 다그쳤습니다. 우리는 영화 취향이 맞지 않는 걸까요? 아님, 제 취향이 이상한 걸까요?

결국 다수의 평점 때문에 저만 영화를 볼 줄 모르는 사람처럼 되고 말았습니다. 솔직히 제게는 아까 본 그 영화가 별 다섯 개짜리인데 말이죠. 별 다섯 개가 표창이 되어 자꾸만 제 가슴을 찌릅니다.

정말 타인의 눈총과 평가 때문에 영화조차 편하게 즐기기가 어려운 것 같습니다.

모든 예술은 자신이 해석하고 느낀 그대로 받아들여진다. 자신의 마음에 와닿는다면 눈치 보지 말고 즐겨라! 감동의 절정을 느꼈다면 의식하지 말고 일어서서 박수쳐라!

## 9대 1의 싸움

아홉 개의 장점을 가졌지만
한 개의 단점에 아홉 개의 장점이 봉인당한다.
아홉 개의 장점을 가진 사람임에도 불구하고
한 개뿐인 단점 때문에 자신을 원망하며 살아간다.

부채는 펼쳐야 그 진가를 발휘한다. 펼치지 않으면 아홉 개의 부챗살도 한 개의 부챗살에 가려 용도불명의 작대기가 되고 만다.

# 휴대용 자신감

어딜 가든지 사람들은 항상 휴대전화를 지니고 다닌다.
혹시라도 집에 두고 나오면 하루 종일 마음이 놓이지 않는다.
누군가에게 연락이 올까 봐 문자 오는 소리에도 귀를 기울인다.
기분이 울적할 때는 친구에게 문자로 하소연을 하고 기분이 좋을 때는 아량 넓은 안부 메시지를 보낸다.
휴대전화는 일상생활에 없어서는 안 될 것이 되었다.
이런 것이 하나 더 있다. 바로 '자신감'이다. 사람이 휴대할 수 있는 최고의 무기.

자신감 하나로 모든 것이 달라질 수 있다.
자신이 경험하는 과정 자체를 즐길 수도 있다.
결과가 어찌되든 모든 과정이 또다른 도전의 발판이 된다.
자신감은 항상 희망과 용기와 함께하기 때문이다.
전혀 예측하지 못했던 상황에 재빠르게 대응하는 것도 자신감 덕분이다.

위기감을 느낄 때마다, 자존심이 상할 때마다 내가 누군지, 어떤 내 모습을 믿어야 하는지, 왜 힘을 내야 하는지를 한눈에 보여주며 나를 안심시킨다.

자신감 덕분에 모든 나쁜 상황과 원인을 받아들일 수 있다.

이제 나는 뒤돌아보며 후회하지 않으리라 다짐할 수 있다.

자신감은 휴대전화처럼 요금을 내야 하는 것도, 고장날 위험이 있는 것도 아니다. 내가 끝까지 버리지만 않으면 된다.

자신감이, 당신이 갈 길을 미리 가보고는 괜찮다고 손짓하며 당신을 부르고 있다. 믿고 갈 것인가, 무시할 것인가?

*평생 착각 속에 살아간다 해도 세상 그 무엇과도 상관없이 가장 좋았던 내 모습을 잊지 않겠습니다. 그것이 바로 나의 자신감이니까요.*

# 늑대가 나타났다

그녀는 오늘도 여기저기 전화를 겁니다. 친구들에게 그녀가 사랑하는 사람에 대해 말해 주기 위해서입니다. 하지만 그녀가 하는 말은 모두 그에 대한 험담뿐입니다. 한두 번 그래 본 것이 아닌 듯 그에 대한 불만이 술술 나옵니다. 우선 자질구레한 그의 습관부터 흉을 봅니다.

"술은 또 얼마나 좋아하는지! 담배? 담배로 숨을 쉬는 사람이야!"
다음은 그의 성격을 비꼬듯이 말합니다.
"괜히 잘난 척하는 건지 말수도 적고, 소심한 것 같아!"
그 다음은 그의 조건을 들먹입니다.
"솔직히 외모도 내 스타일이 아니야. 직업도 변변찮고!"
그러자 친구들은 모두가 입을 모아 얘기합니다.
"야! 네가 아까워! 헤어져!"
친구들의 말에 그녀는 기다렸다는 듯이 맞장구를 칩니다.
"그래, 헤어질 거야!"
그녀는 후련한 표정을 지으며 통화를 끝냅니다.

어느덧 그가 퇴근할 시간이 되었습니다. 이번엔 그에게 전화를 겁니다. 그녀의 눈빛 속에 비장한 각오와 결의가 담겨 있습니다.
"여보세요?"
그의 나지막한 목소리가 수화기를 타고 흘러나옵니다. 갑자기 그녀는 눈물이 글썽거립니다. 목소리를 가다듬고 조심스럽게 말합니다.
"오늘 너무 힘들었죠? 제가 맛있는 것 사드릴게요. 언제 볼까요?"

그녀는 오늘도 자신에게 거짓말을 하고 말았습니다. 벌써 몇 번째인지 셀 수가 없습니다.
'집착해서 그랬어. 내가 너무 초라해 보였으니까.'
아무도 들어주지 않는 그녀의 변명이 방 안 가득 울려 퍼집니다.

'더 못난 사람이 더 집착하고 더 사랑하게 되는 거야.' 오늘도 당신 안의 무섭고 교활한 늑대가 속삭인다. 겁먹은 당신은 사람들에게 늑대가 나타났다며 외치지만 아무도 믿어주지 않는다.

# 마음의 깔때기

내가 아무리 진실을 말해도 당신은 곧이곧대로 듣지 않을 것이다. 당신과 내 마음속에는 깔때기가 있기 때문이다. 진실이건 거짓이건 간에 나의 말은 우선 당신의 깔때기에 담긴다. 그러고는 당신의 마음 입구에서 엄격하게 걸러져 마지막에는 불순물만이 남는다.

불순물은 당신이 억지로 만든 내 결점들이다. 내 본뜻과는 상관없이 당신의 마음으로부터 내쳐지는 것들. 내 존재감을 키우기 위해서는 당신의 마음까지 들어가야 하는데 그럴 수 없어 조바심이 난다. 그래서 포장을 해서라도 당신에게 잘 보이려 한다.

하지만 그것은 오히려 역효과만 낼 뿐이다. 잘난 듯 말할수록 나라는 사람은 당신의 마음속에서 점점 더 많이 걸러진다. 흔적도 남지 않을 만큼 걸러져 결국 당신에게 무시당한다. 나 역시 기다렸다는 듯이 마음의 깔때기로 당신의 말을 걸러내 버린다. 마지막에 남는 것은 나의 우월함과 당신의 결점들이다. 그렇게 나는 상처를 지워간다.

당신과 나의 마음의 깔때기가 결코 효력을 발휘할 수 없는 곳이 있다. 공정한 절차를 자부하는 사람들이 모여 있는 곳이다. 언젠가 우린 함께 그곳에 갔었다. 도착하자마자 나는 최대한 착한 표정을 지으며 이력서 한 장을 그들에게 내밀었다. 얼마 지나지 않아 내 부푼 기대는 산산조각 났고 그들의 말 한마디가 마음을 후벼 팠다. 내 마음의 깔때기로는 그들의 말을 걸러낼 수 없었고 지금도 앙금이 남았다. 당신도 나와 마찬가지였다. 그래도 나는 포기하지 않고 그곳으로 또 찾아갈 것이다. 좀 더 잘 꾸며진 이력서를 손에 꼭 쥐고서.

오해를 남기는 색안경보다 오해의 찌꺼기만을 남기는 마음의 깔때기가 더 강력한 방어막이다. 하지만 마음의 깔때기를 내세워도 통하지 않을 때가 있다. '세상'이라는 거대한 깔때기 앞에서 우리의 작은 깔때기는 방어 한 번 못해보고 무너질 것이다.

## 있다 없다

저는 포도주를 좋아해요!
그래요? 저는 와인을 좋아하는데!

포도주는 와인이다.
와인은 포도주다.
있어 보여도 없어 보여도 달라질 것은 아무것도 없다.

자신의 존재 가치를 명확하게 알고 있다면, 어떻게 불리든 결코 흔들리지 않을 것이다.

# 눈금 없는 자

"아직도 산전수전 다 겪어보지 못했다고!"
가끔 이런 말을 들을 때마다 되묻는다.
"당신이 생각하는 '산전수전'이란 무엇입니까?"
그러면 그는 자신의 경험담을 구구절절 늘어놓기 시작한다.

자신만의 잣대로 세상을 재려고 하는 사람들이 있다. 다른 사람에게는 보이지도 않는 눈금 하나에 혼자 바들바들 떨고 있다. 잣대의 눈금이 정확한지조차 모르면서. 애써 재보아도 어차피 틀린 치수라면 아무 가치도 없다.

혹시 당신도 눈금이 보이지 않는 자를 들고 세상을 재려고 했던 것은 아닌가? 지지리 지겹게끔.

고작 몇 센티미터도 안 되는 자를 몇 인치나 되는 곳에 갖다대는 이유란? 지나치게 타인을 의식하는 것은 어쩌면 자신에 대한 모욕이 될지도 모른다.

# 나약한 전제

남자는 돈만 많으면 돼.

정작 돈 많은 남자와 잠깐이라도 만나본 적 없는 이들이 이렇게 말한다. 극소수의 사례를 아는 사람들에게 귀동냥했거나, 돈이 자신의 욕구를 충족시켜줄 때와 돈 많은 사람과 사귈 때의 행복감이 같을 거라고 생각했을 뿐이다.

순전히 자신의 기대에만 의존해서 남자보다 돈을 선택하는 것이다.

무엇을 선택하더라도 선택한 그대로 사는 것은 불가능하다. 결혼도 삶도 리허설이 없기 때문이다. 자리 잡을 만하면 생각지도 못한 변수가 생겨나고 그때마다 행복의 근원도 바뀐다.

예상을 뒤엎고 돈으로 채웠던 행복을 남자가 짓밟을지도 모른다. 돈이 만든 행복한 상상에만 빠져 남자라는 변수를 미처 생각지 못한 것이다.

돈이 많고 적음으로 남자를 쉽게 판단할 순 없다. 엄청난 액수의 돈을 감당해 줄 사람이 아니라 엄청난 삶의 변수를 감당해 줄 사람을 신중하게 찾아야 한다.

만약 그걸 알면서도 '남자는 돈'이라고 고집을 피운다면 참 나약한 여자이다. 돈 많은 남자와 결혼하지 못하는 이상 자신은 별볼일없는 여자로 그친다는 사실을 스스로 인정하는 셈이다.

혹시 행복이 다른 사람의 두둑한 주머니에서 나온다고 믿고 있다면, 내 것이 아닌 것에서만 행복을 느낀다면 행복도 내 것이 될 수 없습니다.

# 건강 염려증

속이 쓰리다. 왜 이러지?
위염일까? 위궤양?
어서 빨리 병원에 가봐야겠다.

주사도 맞고 약도 먹었지만 계속 속이 쓰리다.
아무래도 시건방지고 돌팔이 같은 의사의 진단과 처방이 의심스럽다.
다른 병원으로 가보자.

그래도 똑같아! 증세가 호전되지 않는다.
지식인 검색을 해보자. 이제는 내가 진단하고 처방해야겠다.

혹시 위암이 아닐까?
나의 상태가 위암 증세와 흡사하다. 벌써 죽으면 안 되는데……. 
정말 죽을 것만 같다.
위염에서 위궤양으로, 위궤양에서 위암으로 검색의 초점이 바뀌어 간다.

서서히 자신도 모르게 위암 환자처럼 되어가고 있다.
그렇게 상황을 최악으로 몰아가는 순간,
현실도 점점 최악의 상황으로 치닫는다.
모든 증세를 위암에 맞게 합리화한다.
증세가 호전돼도 그때의 태도를 잊지 못하고 반복한다.
그렇게 지쳐가는 것이다.

**자신의 몸과 극도로 친밀해지면 마음이 질투를 해 몸을 괴롭혀댄다.**

# 관계의 이상형

만약 당신이 굳건한 자아를 가진 사람이라면 자기 자신에게 아낌없이 투자할 것이다. 그래야 자신을 발전시키고 삶에 더 만족할 수 있을 테니까. 하지만 당신이 누군가를 많이 사랑하게 된다면 자신에게 통하던 방식이 상대방에는 사치가 되고 만다.

당신은 사랑하는 사람이 더 멋진 사람이 될 수 있도록 노력해 본 적 있는가? 오히려 사랑의 횡포로 그 사람의 발전을 가로막아왔을 것이다.

학원에 다니면 데이트할 시간이 줄어들잖아!
누구에게 잘 보이려고 그렇게 꾸미고 다니는 거야!
내가 먹여 살릴 테니까 너는 그냥 나랑 놀면 돼!

사랑하는 사람은 점점 그런 관계에 길들여진다. 똑같이 사랑의 달리기를 시작해 놓고. 당신은 자유롭게 뛰어가고 상대방은 당신이 만든 장애물을 힘겹게 넘으며 달린다. 장애물 한 개를 넘으면 또다른 장애물이 생겨난다. 결국 뒤처지고 마는 상대방은 사랑의 달리기를 멈

취버린다. 당신은 상대방이 약하기 때문이라며 아쉬워한다. 끝까지 당신이 만든 장애물은 보지 못한 채.

빛나는 그대가 내게 말했죠. 그대가 만든 나무 그늘 밑에서 편히 쉬라고. 하지만 아시나요? 저도 그대처럼 눈부신 햇볕을 쬐고 싶었어요. 정말로.

## 어색한 고독

재즈가 흘러나오는 근사한 커피숍 창가에 혼자 앉아 있다.
따뜻한 커피 한 잔을 앞에 두고 창밖 거리를 바라보며
바삐 지나가는 사람들의 모습에서 혼자임을 실감한다.
끊지 못한 담배를 피우며 바뀐 계절의 공기 맛을 음미한다.

문득 고독이 밀려온다.

조용하고 아름다운 공간은 내 것인 양 나를 감싼다.
잠시 다이어리를 펼쳐놓고 생각에 잠긴다.
앞으로 해야 할 일들, 지난 시간에 대한 반성, 새로운 다짐……
이것저것 써내려가다 보니 머릿속이 복잡해진다.
모든 잡념을 접어두고 자유롭고 편안한 생각만 하기로 한다.

째깍째깍. 십 분이 지났다.
옆 테이블 사람들의 말소리가 성가시다.
슬슬 지겨워진다.

그냥 책이라도 볼까.

아님, 간만에 쇼핑이나 할까.

나는 자리에서 벌떡 일어나 계산대로 가서 커피 값을 지불한다.

문득 커피 값이 비싸다는 생각이 든다.

사람들은 아무것도 하지 않고 혼자만의 생각에 빠져서 얼마나 시간을 보낼 수 있을까?

분위기를 잡고 사색을 하려고 우리는 멋진 장소를 택한다. 하지만 완벽하게 준비해 놓고도 자신과의 대화를 거부한다. 분위기에 취하는 것도 잠시, 진지하게 고민하는 것도 잠시, 혼자만의 생각은 어색하기 짝이 없다. 고독 따위는 부담스럽기만 하다. 그래서 커피숍에 혼자 온 사람들은 공부를 하고, 책을 읽고, 사진을 찍고, 담배를 피우나 보다.

누군가 오기를 기다릴 때는 혼자서도 잘 견디지만 자신 안의 고독을 기다릴 때는 견디지 못하고 이내 머릿속을 비워버리는 사람들.

# 독단

　　상대방에게만 해당되는 개인적인 의미조차 재단하려는 사람들이 있다. 자신에게 의미가 없다고 판단되면 그러리라 생각한다. 편지를 받아본 경험이 없는 사람이 편지의 의미를 모르듯, 의미를 모르기 때문에 불필요한 것이라고 간주하고 편지쓰기를 시도조차 하지 않는다.

　　모든 사람들이 똑같은 경험을 하며 의미를 깨달아가는 것은 아니다. 비록 자신에게는 의미 없을지라도 상대방에게는 특별한 것일 수 있다. 각자의 머릿속에는 저마다 다른 사전이 존재하므로. 그리고 그 속에 담긴 낱말의 의미는 각자의 힘겨운 경험과 깨달음으로 소중하게 만들어진 것들이다.

나 또한 그 사실을 알지 못했던 적이 있다. 12월의 어느 날, 그녀에게 작은 크리스마스트리 모형을 선물받았다. '이런 걸 뭐 하러 샀지'라고 생각해서 그냥 컴퓨터 책상 위에 올려뒀는데, 12월 내내 알듯 모를듯 크리스마스 기분을 낼 수 있었다. 의미 없다고 생각했던 그 모형이 고맙게도 무뎌진 내 감성을 되살려준 것이다.

잘 알지 못하는 사람의 옷을 빌려 입고서는 자신에게 맞지 않는다고 바닥에 내던져버릴 수는 없다. 우린 너무 당연한 것들에 화를 내고 있는지도 모른다.

## 자부심 수여

자부심은 자신에게 줄 수 있는 가장 근사한 상이다.
일등을 한 것도, 보기 좋게 성공을 한 것도 아니지만
자부심이라는 상을 당당히 받는다.
세상 속 험난한 테스트에 통과했기 때문이다.
영광스러운 수상에는 나만의 수고가 깃들어 있다.
아슬아슬했던 순간들이 파노라마처럼 스쳐 지나간다.
꽤 힘들었다고 고개를 끄덕이며 살며시 미소 짓는다.
한계의 벽 앞에서도 주저앉지 않았다.
지금껏 잘 견뎌왔다며 잠시 숨 돌리는 사이,
자부심이 수여된다.
앞으로는 더욱 강해지리라.

자부심은 자신의 힘을 대변하고 강함을 유지해 준다.
그래서 많은 사람들이 자부심이라는 상을 받고 싶어한다.
자부심을 가지기 위해서 애써 잘난 척하는 사람도 있다.
하지만 자부심은 그리 대단한 것에서 얻어지는 것은 아니다.
그저 어제보다 더 숨 가쁜 오늘을 감당해 낸다면
오늘이 바로 영광의 순간이 된다.
자부심은 하루하루 치열한 삶을 이겨내면서 생기는 것이다.

떳떳하고 힘차게 살아가는 사람에게는 몇 번이고 자부심이 수여된다.
축하해 주는 사람은 아무도 없다.
누구도 타인의 자부심에는 공감할 수 없기 때문이다.

자부심은 자신에게만 유효한 상이다.
다른 사람에게 내밀어봤자 자만심으로 오해받을 뿐이다.
자부심은, 이루어내기까지 그 과정의 한복판에 있었던
단 한 사람만을 위한 영광이다.
그 한 사람은, 순탄치 않은 과정의 한가운데에서
오늘도 자부심을 느끼며 열심히 살아갈 것이다.

자부심을 갖기 위해서는 혼자만의 고독한 싸움을 해야 한다. 자부심을 가졌다 하더라도 자신밖에 알아주는 사람이 없기 때문에 쉽게 흔들리기도 한다. 하지만 단 한 사람만의 돌봄만으로 자부심은 지속되기도 한다.

# 만약에

만약에 네가 날 버리면 어떡해?
아니야, 절대로 그런 일은 없어!

네 의도대로 나는 강하게 부정했지만
그때부터 내가 널 버릴 수도 있다는 생각을 하게 되었지.
너의 불안한 '만약에'가 예상치도 못했던 것을
생각해 보게 만들었거든.
그런데 신기하게도 네 '만약'대로 널 버리게 되었어.
생각이 무섭다는 걸 너는 몰랐겠지.

우리는 만약을 위해 너무 많은 준비를 하며 살아가고 있다. 만약대로 흘러가지 않으면 참 억울할 만큼이나.

## 1인 2역

짝사랑은 중독성이 강한 망상놀이다. 그저 바라보고만 있어도 세상이 아름답게 변하기 때문이다. 혼자만의 망상으로 자신과 딱 맞아떨어지는 사람을 만들어내고 자신과의 사랑이 이루어지기만을 기도하며 그 사람 말 한 마디, 얼굴 표정에 자신의 일상을 맡기고 그 속에서 큰 행복을 느낀다. 그래서 멈출 수가 없다.

설렘과 희망으로 망상은 계속된다. 사랑하는 사람이 있어 참 다행이라며 억지로 끼워 맞춘 자신만의 사랑을 미화하지만 아무리 애틋한 짝사랑이라 해도 끝내 이루지 못하면 엄청난 아픔과 허무가 밀려온다. 사랑하는 사람을 숨죽여 바라보고 있지만 머릿속에서는 날마다 사랑을 쟁취하기 위한 전쟁이 벌어지고 있기 때문이다.

결국 남는 것은 진한 그리움뿐이다. 이루지 못한 사랑에 대한 마음은 평생을 따라다닌다. '그래도 참 많이 사랑했어'라며 자신의 추억을 채색하며 그리워하는 것이다. 그렇게 혼자 상상하고 기대하고 포기하고 아파하는 것이 짝사랑이다.

처음부터 사랑을 상상한 것이 잘못이다. 상상하는 사람은 결코 아름답지 않다. 사랑에 빠진 자신의 모습에 행복하다고 착각했을 뿐이다. 그 사랑이 이루어지지 않는 것은 당연하다. 어차피 그 사람은 자신의 상상 속에서만 존재하니까.

짝사랑이 이루어지면 이내 마음이 돌아서버리고 만다. 짝사랑했을 때의 추억이 사랑할 때의 추억보다 더 자극적이기 때문이다. 새로운 짝사랑 상대를 물색하기 위해, 그럼 이만.

## 2장

사랑과 이해 사이

# 녹화 테이프

난생 처음 녹화라는 것을 해본다.
신기하면서도 설렌다.
조심스레 녹화를 하고 테이프는 소중히 간직한다.
생각날 때마다 틈틈이 보고 또 본다.
하지만 너무 자주 봐서 그런지 조금씩 지겨워진다.
똑같은 내용의 반복이라니.
테이프에 녹화할 수 있는 용량이 아직 많이 남아 다른 것을 녹화하기 시작한다.
하나둘 녹화하다 보니 어느새 용량이 초과된다.
이제 가장 먼저 녹화했던 내용을 덮어쓴다.
한참 시간이 지나고 나니 지워진 내용이 조금 그리워진다.
추억하기에는 짧은 내용이었고 너무 오래전 일이다.
기억나는 것이 있다면 처음 녹화할 때 설레던 내 모습.

남자에게 첫사랑이란 바로 그런 것이다.
작은 사랑이야기를 분명히 녹화해 두지만
결국 기억나는 것은 그 시절 자신의 감정과 모습뿐이다.

남자와 여자는 첫사랑의 기억이 다르다.
남자는 첫사랑의 저편 너머 어리고 순수했던 자신의 모습을 떠올린다. 여자는 그 시절 처음 사랑했던 그 사람을 떠올린다.

풋사랑, 첫사랑, 짝사랑…… 녹화 테이프가 여러 개 있는 여자의 방.
늘 용량 부족인, 하나의 녹화 테이프만 있는 남자의 방.

남자는 사랑을 할 때 새로운 사랑으로 과거의 사랑을 지워나갑니다.
여자는 과거의 사랑을 소중하게 간직한 채 새롭게 사랑을 시작합니다.

# ㅋㅋㅋ

**사랑해. ㅋㅋㅋ**

자신도 알 수 없는 애매모호한 감정을 표현할 단어가 떠오르지 않아 이런 문자를 보내는 경우가 있다. 하지만 상대방이 받을 문자 메시지에는 ㅋㅋㅋ에 관한 부연설명이 없다. ㅋㅋㅋ의 해독은 상대방의 판단에 맡겨야만 한다.

자신을 많이 사랑하는 상대방에게 ㅋㅋㅋ는 하루 종일 심란한 문자가 된다. 그냥 넘기지 못하는 소심함 때문이 아니다. 큰 용기를 내어 진지하고 아름다운 말로 사랑을 표현했는데, 회답문자에 붙은 ㅋㅋㅋ 때문에 자신의 사랑이 바보 같고 미련해 보이기 때문이다. 사랑하는

마음을 표현한 것이라 해도 상대방은 갸우뚱거릴 수밖에 없다. 익살스럽게 입꼬리가 올라가는 ㅋㅋㅋ 때문에 사랑이 삐딱하게 전달되었기 때문이다. 상대방은 괜한 오해를 하고 혼란에 빠질 수도 있다.

진지한 상황일수록 ㅋㅋㅋ는 자신의 솔직함과 상대의 마음을 비웃는 악당이 된다. 가끔은 ㅋㅋㅋ 대신 '!'를 사용해 보면 어떨까?

사랑해. ㅋㅋㅋ
사랑해!

첫 번째 문자에는 삭제버튼을, 두 번째 문자에는 보관버튼을 누를 것이다.

진지한 감정을 농담처럼 전달하다가는 결국 농담처럼 관계가 끝나버리고 말걸? ㅋㅋㅋ

# 마음 피부는 민감성

여자가 사랑에 빠지면 악성 민감성 마음이 된다.
사소한 일에도 화나고 서운하고 삐치기 때문이다.
별것 아닌데도 자신의 사랑을 대입해 일을 크게 만든다.
평소에 소심하지 않던 여자임에도 불구하고 마음이 날카로워진다.
예민해진 마음 때문에 트러블이 끊이지 않는다.
트러블이 생길수록 남자는 이 여자와는 맞지 않는다고 걱정을 한다.
하지만 걱정하지 않아도 된다.
여자의 민감한 마음은 상대방이 싫어서가 아니라
상대방을 더욱 사랑하기 위한 것이다.
조그마한 잡티 하나도 용납할 수 없을 만큼
자신의 사랑을 완벽하게 지켜내고 싶은 마음 때문이다.

이러한 마음도 시간이 흐르면 익숙해지기 마련이다.
민감하게 갈팡질팡 하던 여자라도
익숙해지면 그때부터 굳건하게 사랑을 지켜낸다.
다른 멋진 사람이 다가와도 쉽게 마음을 바꾸지 않는다.
여자의 민감한 마음에 굴하지 않고
자신이 익숙해질 때까지 순하게 사랑을 지켜온 남자,
여자는 그 남자가 결코 흔한 사람이 아니라는 것을 알기 때문이다.

사랑이 시작될 때, 혹시 여자의 마음이 너무 대범하다면 오히려 여자의 사랑을 의심해 보아야 한다.

# 연인 관계의 도박

연인 관계의 전화위복을 위해 공백기를 요구할 때가 있다.
그러나 자칫 잘못하면 영원한 이별로 이어질지도 모른다.

**시험에 합격할 때까지 만나지 말자.**
의도적인 공백은 서로의 관계가 다른 것에 끼치는 좋은 영향이 없다는 증거가 된다. 만약 상대방이 공백기 동안 연인 관계의 부질없음을 깨닫는다면 자신과 더 잘 맞는 사람을 찾을지도 모른다.

**너에 대해서 생각해 볼 시간을 줄래?**
이런 말을 하는 시점은 대개 감정이 중심을 잃기 쉬운 연애 초기나 권태기다. 불분명한 감정은 공백기 동안 사랑하지 않는 쪽으로 치우치기 쉽다.

**더 이상 싸우기 싫어. 우리 당분간 연락하지 말자.**
화가 풀리지 않은 상태에서 공백기는 더욱 위험하다. 화를 가라앉히기 위해 다른 이성과 만날지도 모르기 때문이다.

공백기는 관계의 문제점을 시간에 맡기는 것이다.
그러나 시간은 너무 큰 무리수를 둔다.
서로가 허용한 자유로운 시간 속에서
어떤 일이 발생할지 전혀 예측할 수 없기 때문이다.
물론 공백기를 가진 뒤 다시 사랑하게 된다면 문제될 게 없다.
하지만 공백기에 사랑하는 사람을 걸어야 하는
위험한 도박이 도사리고 있음은 분명하다.
연인 관계에서의 공백기는 최후의 보루가 되어야 한다.
함께할 수 있는 시간은 끝까지 붙잡아두어야 한다.

동전의 앞면이 부재가 주는 존재감이라면 뒷면은 이별입니다. 던져 보고 동전의 결과에 따를 건가요? 아니면 던지지 않고 그냥 자신이 원하는 대로 할 건가요?

# 물밑작전의 고수

한눈에 반한 그 남자는 정말 매력적이다. 어떻게든 내 남자로 만들겠다며 이미 그녀의 머릿속엔 그의 마음을 완벽하게 사로잡기 위한 물밑작전이 세워진다.

그가 좋아하는 모든 것을 섭렵하고 그의 취향에 맞춰 자신을 바꿔 나간다. 원래 자신이 그가 좋아하는 스타일의 여자인 것처럼 자신의 모든 것을 제어해 나간다. 완벽한 물밑작전에 결국 그는 두 발이 묶여버린다. 이때를 얼마나 기다렸던가?

하지만 마지막 작전이 하나 더 남았다. 바로 결정적인 순간에 한 번 튕겨주는 것, 그가 자신에게 적극적으로 관심을 보일 때 아무런 반응을 하지 않는 것이다. 헷갈리면서도 점점 조바심이 난 그는 결국 먼저 고백한다.
"저랑 사귈래요?"

그래요, 그럼.

웃음을 참으며 나온 대답. 그녀는 이제 한시름 놓는다. 먼저 고백을 받았으니, 그가 먼저 자신에게 관심을 보인 셈이 되었다. 그녀가 매달린 것이 아니니까, 혹시 헤어지더라도 그녀 입장에서는 아쉬울 것이 없다.

물밑작전의 고수는 자신이 정말 반해도 사귀자는 고백은 상대방에게 받아낸다. 자신을 무조건 사랑해 주는 사람을 만난 듯 모든 것이 딱딱 맞아떨어진 기분, 게다가 진정한 사랑까지 얻었다는 성취감에 빠진다. 그래서 물밑작전은 계속되고 점점 더 실력이 늘어간다.

하지만 물밑작전의 고수는 사랑을 너무 아는 척했다. 물밑작전 하는 동안만이 이 사랑의 전부다. 얼마 안 가 헤어진다면 사랑에 질려서가 아니라 사랑도 하기 전에 제풀에 지쳐서다.

물밑작전의 고수는 한 가지를 놓쳤다. 고백을 듣기 위해 꾸몄던 모습을 벗었을 때의 상대방의 반응을 보지 못한 것이다. 먼저 내빼지만 않았어도 그는 꾸밈없는 원래의 모습을 더 사랑했을 텐데. 물밑작전의 고수들은 항상 상대방의 취향대로만 움직인다. 취향은 바뀌기 마련인데도.

슬슬 물밑에서 나올 때도 되었잖아요. 설마 아직도 내가 모른다고 생각하는 건 아니겠죠? 다 알고도 속아준 거예요.

# 남자라서

어울리지 않는 L 사이즈를 고집하는 남자가
어울리는 M 사이즈를 입기까지,
참으로 논리적인 설득과 오랜 시간이 필요하다.
남자의 스타일을 바꾸기란 여간 어려운 일이 아니다.
그래서 여자는 피곤하다.
하지만 여자는 그런 일로 남자를 미워할 수는 없다.

남자는 바꿔야 할 이유가 명백해도 결코 바꾸지 않는다.
남자라는 이유로.

# 철창 안 여자

슬프지만 감지된다. 그의 애정이 식어가고 있음이. 애써 태연한 척하지만 시간이 지날수록 확연해지는 예감. 사랑하는지 확실히 묻고 싶지만 영 용기가 나지 않는다. 그저 나만의 착각이라고 위안하며 쓰라린 가슴으로 그를 바라만 볼 뿐.

그는 체력이 예전 같지 않은지 자주 피곤하다.
만나면 되도록 일찍 집에 들어가려고 한다.
더 이상 내게 잘 보이려고 하지 않고 자신의 매력을 감춘다.
나에게 바라는 것도 없다.
전화 거는 횟수와 통화 시간이 급격히 줄어든다.
연락할 수 없었던 이유 또한 다양해진다.
내 잘못은 마치 기다렸다는 듯이 작은 것이라도 물고 늘어지며 나를 벼랑 끝까지 내몬다.
그는 아쉬워하는 게 없다.

늘 나보다 여유롭다. 아니, 자유롭다.
나는 항상 그에게 갇혀 있다.
불길함이 현실이 될 것 같아 그만 그에게 묻고 만다.

날 사랑해?

"잘 모르겠어. 이것이 사랑인지."
그렇게 그는 이미 떠날 채비를 하고 있었다.

남자라는 철창에 갇혀 불러도 나오지 않는 그녀. 남자는 철창 밖에서 담배를 피우며 지금 뭐 하는 중이냐고 묻지만 여자에게는 갇히는 것보다 빠져나오는 것이 더 겁날 뿐.

## : 기교의 부작용

노래방에서 그가 선곡한 노래는 대중적인 사랑 고백 레퍼토리.
반주가 흐르자 그는 목소리를 가다듬고
그 어느 때보다 감정을 실어 열창한다.
젖은 눈빛, 간절한 손짓에 여자는 환호성을 지르며 박수를 친다.
그를 애틋하게 바라보며 가사 하나하나를 가슴에 담는다.
그는 이제 반복되는 노랫말을 여자의 이름으로 바꿔 부른다.
후렴 부분에서 남자의 바이브레이션은 최고조에 달한다.
불현듯 여자는 어떤 의문에 휩싸이기 시작한다.
의문이 커질수록 그의 노래가 귓가에서 희미해져 간다.

'이 노래, 나에게만 불러준 것일까?'
'얼마나 많은 여자들에게 이 노래를 불러줬을까?'
'이 노래는 나만을 위한 노래일까?'

의문이 의심으로 바뀌는 사이 남자의 노래는 끝났다.

여자는 점수가 나올 타이밍에 맞춰 또 한 번 박수를 치지만
왠지 박수 소리가 늘어진다.
처음에는 감동의 박수였던 것이 마지막에는 수고했다는 박수가 된다.

사람을 대하는 태도가 너무 능숙하면 전해지는 감동은 줄어들지 모른다. 그 사람에게 맞춰 기교를 부리는 것이 아니라 해왔던 기교에 그 사람을 맞추려 하기 때문이다.

# 이상형의 함정

만나서 반가워요.
제 이상형은 키 180cm 이상, 얼굴은 호남형, 연봉 5000 이상, 스타일은 깔끔하고, 성격은 자상하고…….
너무 많아서 일일이 말하기도 힘드네요.

여자들의 콧대 높은 이상형에 남자들은 위축돼,
조용히 포기하고 발걸음을 돌린다.
여자는 그냥 한번 해본 소린데, 남자들은 함정에 빠진다.
남자들은 처음 보는 여자 앞에서는 겁쟁이니까.

이상형을 세부적으로 열거하는 것은 남자들이 다가오지 못하도록 함정을 파놓는 것과 같다.

## 출장의 필살기

주말 밤, 남자들은 큰마음을 먹고 나이트클럽으로 향했다.

PM 12:00 이제부터 본격적으로 부킹 시작이야.
AM 01:00 괜찮아! 아직 시간 많아. 부킹 더 받아보고 결정하자.
AM 02:00 오늘 이러다가 공치는 것 아니야. 룸까지 잡았는데…….
AM 03:00 안 되겠다. 아무나 붙잡자.

그날 밤 무척이나 호의적이던 그와 연락이 안 된다고?
갑자기 돌변한 태도로 당신을 대한다고?
어쩌면 그 아무나가 당신이었을지도.

남자의 본전 생각은 늘 여자를 헷갈리게 한다.

# 여자의 허락

지금 키스를 하면 당신과 사귀어야 할 것 같아 거절했습니다.
지금 가슴을 허락하면 그 이상까지 가야 할 것 같아 거절했습니다.
지금 섹스를 허락하면 내 전부를 줘야 할 것 같아 거절했습니다.

당신이 싫어서가 아니라 아직 당신을 잘 모르기 때문입니다.

잘 모르는 사람을 믿을 수는 없겠죠.
잘 모르는 사람에게 확신을 가질 수도 없겠죠.
잘 모르는 사람에게 내 모든 걸 허락할 수는 더더욱 없겠죠.

그럼 알려주세요. 사귀어도 될 사람이란 것을.
믿을 수 있는 사람이란 것을.

내 전부를 허락해도 될 사람이란 것을.

나는 당신에게 이미 많은 시간을 허락했지만
당신은 그 이상의 허락만을 원할 뿐 그 대답은 하지 않네요.
당신의 마음과 전혀 닮지 않은 모습만 믿으라고 강요하네요.
허락에도 순서가 있음을 남자들은 왜 모르는 걸까요.
알려주세요. 그럼 허락할게요.

내가 싫으면 그냥 싫다고 해……
아주 치졸한 논리로 어쩌면 그녀의 전부일지도 모르는 것을 허락받으려고 한다. 그래서 남자는 욕심쟁이다.

# 출제자의 의도

일 더하기 일은?
당신은 그 사람에게 문제를 낸다.
문제를 풀면 당신의 몸과 마음을 열어주기로 해놓고
이렇게 쉬운 문제를 내는 것은 그 사람이기 때문이다.
하지만 그 사람은 당신의 의도를 오해한다.
문제가 쉽다며 금세 풀어버리고는 당신 또한 쉽게 대한다.
안타깝게도 그는 꼭 알고 있어야 할 사실을 놓치고 말았다.
그 사람이 아니라면 그 누구도 손댈 수 없는
고난이도의 문제를 냈을 당신이라는 것을.

쉬운 문제를 출제해 달라고 조르고 또 졸랐으면서 막상 쉬운 문제를 내면 역시나 쉬운 사람이라고 간주하는 미묘한 심리. 사랑을 하기 전과 후.

## 망상의 추행

현재 시각은 밤 열 시. 그가 귀가를 약속한 시간은 새벽 한 시다. 그는 지금 대학 동창들과 어울려 술을 마시고 있다. 하지만 난 그 말을 믿지 못하겠다. 동창들과 술을 마시는지 아니면 다른 여자들과 함께 있는지 두 눈으로 직접 확인해 보지 않았으니까.

갈수록 불안하다. 새벽 한 시까지 어떻게 기다리지. 아무것도 손에 잡히지 않는다. 시간은 왜 이렇게 느리게 가는지 십 분이 한 시간처럼 느껴진다. 그래! 차라리 그때까지 잠이나 청해 보자.

침대에 누웠지만 뒤척이기만 할 뿐 잠들지 못한다. 전화라도 해볼까? 그럼 마음이 놓일 것도 같은데. 아니야! 귀찮고 집요한 여자라고 생각할지도 몰라.

눈을 감고 있지만 망상이 자꾸만 나를 추행한다.
거긴 술집이 아니라 나이트클럽이 아닐까? 내 전화를 받을 때만 조용한 곳으로 빠져나왔던 것은 아닐까? 나보다 더 멋진 여자와 함께 있는 것은 아닐까? 나를 사랑한다면 동창들과 술 마시는 것보다 나와 통화하는 것이 더 좋아야 하는 거잖아! 왜 자주 전화하지 않는 걸까? 미치광이가 될 것만 같아 한숨을 내쉬며 일어나 물을 찾는다.

시계를 보니 열한 시다. 아직 두 시간이나 남았다.

부정적인 망상 때문에 밤잠을 잃은 그대. 이제 그만 불 끄고 잘 시간입니다. 자신을 망치는 망상 따위 이불과 함께 덮어버리고.

# 헤어지자

어느 순간부터 그는 너무 다양한 불만을 털어놓는다. 예전 잘못까지 일일이 끄집어낸다. 그럴 때마다 그가 남처럼 낯설고 쌀쌀맞게 느껴진다. 그래도 아직 나를 사랑한다는 말에 하나씩 고쳐나가기로 한다. 그와 나의 사랑이 변하지만 않는다면 뭐든 못하리.

그가 반했다던 나의 장점도, 처음에는 매력이라고 말했던 것들조차 이제는 불만이 되었기에 그것까지 모두 다. 하지만 고쳐도 고쳐도 그의 불만은 멈추지 않는다. 내가 지쳐가고 있는데도 모른 척한다. 안절부절 그의 눈치만 보는 나에게 결국 그는 참고 있던 말을 쏟아낸다.

이제 다 그만둬.
더 이상 상처받지 말고
있는 그대로 네 모습을 사랑해 줄 그런 남자를 만나라고.

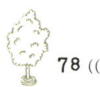

이제 더 이상 널. 사.랑.하.지. 않.아.

그 말을 하려고 내가 지칠 때까지 기다렸나 보다.
헤어지자는 그 말 한마디 하려고.

남자의 마음은 너그럽습니다. 그래서 헤어짐 앞에서도 여유로울 수 있나 봅니다. 고통스러운 이별통지를 조금이나마 미루기 위해 풀어도 답이 없는 엉터리 문제집을 여자에게 한 아름 안겨주고는, 그녀의 답을 기다립니다.

# 주머니 속에 숨어버린 손

오늘은 기필코 그녀의 손을 잡아볼 계획이었습니다.
평소엔 쓰지 않던 핸드크림도 바르고,
따뜻한 손난로도 외투 주머니 속에 넣어두었습니다.
뜨거운 내 마음이 손으로 전달되기를 기대하며
만반의 준비를 마치고 그녀를 만났습니다.
하지만 이 일을 어쩌나요!

장갑을 끼고 온 그녀.
장갑을 벗으라고 하면 내 의도를 들킬까 봐 잠자코 있습니다.
추우니까 어서 저기로 들어가자며 자연스럽게 손 잡을 생각이었는데,
계획이 수포로 돌아갔습니다.

내 마음을 아는지 모르는지
그녀는 장갑을 벗을 생각조차 하지 않네요.
부끄럽고 창피한지 내 손은
주머니 속에 꼭꼭 숨어버렸습니다.

어떤 남자라도 진심으로 사랑하는 여자 앞에 서면 소심해진다. 그래서 여자는 문을 열어 놓고 있어도 인기척을 할 필요가 있다.

# 더 사랑하는 사람과 덜 사랑하는 사람

더 사랑하는 사람은 덜 사랑하는 사람을 구속한다.
혹시라도 도망갈까 두려워서.
덜 사랑하는 사람은 더 사랑하는 사람에게 자유를 준다.
더 좋은 사람을 만나길 바라며.
더 사랑하는 사람은 덜 사랑하는 사람의 말에 상처를 받는다.
덜 사랑하는 사람은 더 사랑하는 사람의 말에 부담을 느낀다.
더 사랑하는 사람은 덜 사랑하는 사람 앞에서 작은 실수도 할 수 없다.
덜 사랑하는 사람은 더 사랑하는 사람 앞에서 일부러 실수를 한다.
더 사랑하는 사람은 덜 사랑하는 사람에게 꾸미지 않은 모습을 보여줄 수 없다.
덜 사랑하는 사람은 더 사랑하는 사람에게 있는 그대로를 보여준다.

더 사랑하는 것이 너니?
아니면 덜 사랑하는 것이 나니?

둘 중에 누가 더 사랑하는지 덜 사랑하는지는
관계가 끝날 때까지 알 수 없다.
사랑 속에는 꼭 '알고 보니 아니더라'는
비밀이 숨겨져 있기 때문이다.

사랑에는 강자도 약자도 없다. 다만 헤어지고 나서 후회하는 사람과 후회하지 않는 사람만이 존재할 뿐이다. 그리고 후회하는 사람은 덜 사랑했던 사람이다.

# 기억할 게 많은 여자

나를 기억해 주지 않아도 좋아.
나는 그냥 '그녀'야. 지나가는 한 여자.
돌아보지 않아도 되는, 이제 곧 잊혀질 한 여자.
내가 기억할게. 나는 기억하는 여자니까.

더 사랑했고, 더 상처받고, 더 잊지 못해서 기억할 게 많은 여자.
당신은 그녀를 기억하고 있나요?

## 권태기의 배려

권태기는 애인을 만나러 가는 길에 의무감이 들면서 찾아온다.
권태기는 애인의 평상시 모습이 못마땅해 보이면서 들어온다.
권태기는 애인과 다른 사람을 비교하면서 정착한다.
권태기는 애인에게 소극적으로 반응하면서 깊어진다.
권태기는 애인과 헤어진 후에 되돌아간다.

그러나 사랑한 후에 추억하지 않고
사랑하는 동안 추억하는 사람에겐,
그들이 헤어지기 전에 되돌아간다.
이것이 권태기의 배려이다.

사랑이라는 불을 계속 타오르게 하기 위해서는 추억이라는 기름을 계속 부어야 한다. 바람이 불어서가 아니라 기름이 떨어져서 불이 꺼지는 경우가 더 많기 때문이다.

# 관계의 냉장고

몇 년을 한 사람과 사귈 수 있는 이유는
처음 감정을 유지해서도 정이 들어서도 아니다.
'좋았다'와 '싫었다'를 반복하면서
한 사람과 여러 번 사랑에 빠지기 때문이다.

늘 한자리에 머물거나 바뀌지 않는다면 감정도 고인다.
그래서 자신을 변화시키고 상황을 바꾸기 위해 노력해야만
한 사람과 여러 번 사랑에 빠질 수 있다.

결혼을 해도 마찬가지다.
연애의 끝이 결혼일지언정 사랑의 끝이 결혼은 아니다.
결혼은 서로에게 회의를 느낄 때,

관계를 회복할 수 있는 시간과 계기를 마련해 줄 뿐이다.
아무리 안전하게 보관해도 사랑은, 방치하면 변하고 만다.
결혼을 하고도 서로의 관계를 유지하기 위해서는
서로에 대한 사랑이 더욱 넓고 다양해져야만 한다.
설레고 애틋한 사랑만이 아닌
가족으로서 벗으로서 동반자로서의 사랑을
죽을 때까지 잊지 말아야 한다.

지금보다 더 가치 있는 존재가 되기 위해서 노력을 멈추지 않는 것이
야말로 사랑을 위한 최고의 방부제가 아닐까?

# 잘못된 기대

 사랑하는 사람끼리라도 동시에 절망적인 상황에 빠지면 사랑은 변질된다. 사랑에 기대려고 하기 때문이다. 사랑한다면 서로 고통을 나누는 것은 당연하다. 하지만 각자가 처한 상황을 해결하기 위해 사랑하는 사람에게서 답을 구한다면 영원히 답은 없다. 자신이 어쩔 수 없는 것은 사랑하는 사람도 어쩔 수 없기 때문이다. 그런데도 많은 사람들이 힘들면 지금껏 지켜온 사랑을 각자의 방패로 삼는다. 상대방이 힘들어할지 뻔히 알면서도 잔인하게 의지한다.

 의지해도 해결되지 않으면 사랑도 절망이 된다. 아무것도 해결해주지 못하는 사랑은 또하나의 짐이 되고 더 이상 서로 붙잡아야 할 이유가 없다. 먼저 챙겨야 할 것은 사랑이 아니라 각자의 절망이기에, 지금의 사랑은 도저히 지켜낼 수 없다고 인정하고 만다.

이제 남은 것은 부담스러운 사랑이 아닌 각자의 목표뿐이다. 부디 지금의 상황을 이겨내고 행복한 너와 나로 거듭나기만을 바라고 또 바란다. 그러기 위해서라도 지금의 힘든 처지를 잘 돌봐줄 사랑을 찾으리라 다짐한다. 소중한 목표가 있어 사랑을 보내는 것도 그다지 아쉽지 않다. 둘 중 누가 먼저랄 것도 없이 마지막 말을 남긴다. 서로의 손을 놓아버린다.

**지켜주지 못해 미안해. 널 지켜줄 수 있는 사람을 만나.**
**사랑하지만 보낼 수밖에 없는 나를 용서해.**

*사랑은 지켜나갈 때만 존재한다. 모두가 사랑이 자신을 지켜주기 위해 존재한다고 믿는 것과 달리.*

# 애완용 사랑

당신은 애완동물을 사랑한다. 당신 곁에 있는 그 사람도 사랑한다. 하지만 만약 지금 던지는 질문에 답할 수 없다면 당신이 사랑이라고 믿어 의심치 않던 감정은 착각일지 모른다.

**당신은 애완동물이 당신을 사랑한다고 믿기 때문에 사랑하는 것인가?**
애완동물은 자신의 의사를 명확하게 표현할 수 없다. 당신이 해석하기 나름이다. 동물의 몸짓을 사랑의 신호라고 해석하면 당신은 사랑받고 있는 존재가 된다.
당신의 사랑도 당신이 만든 환상에 의해 조작되고 때에 따라서 사랑하는 척, 사랑받는 척 연기할 수도 있다.

**애완동물이 당신을 무조건 이해해 주기 때문에 사랑하는 것인가?**
"그렇지! 그 사람이 잘못했지! 역시 날 이해해 주는 존재는 너밖에 없어." 당신은 애완동물에게 못다 한 말을 털어놓으며 마치 혼자서 인형놀이를 하듯 스스로를 위로한다. 하지만 애완동물은 말을 할 수 없어, 어떠한 이야기에도 공감하지 못한다.

당신은 당신의 말에 사랑하는 사람이 말없이 수긍하기를 기대한다. 사랑하는 사람과 애완동물을 비교하는 것 자체가 당신을 이상한 사람으로 만들어버린다.

**당신의 취향대로 꾸밀 수 있기 때문에 애완동물을 사랑하는 것인가?**
이것은 엄연히 사랑의 탈을 쓴 횡포가 아닐까. 만약 개의 털을 염색시킨다면 주인은 예뻐 보일지 몰라도 개는 고역스러울지도 모른다. 사랑이란 이름으로 애완동물을 괴롭히는 것이다.

그의 의사는 무시한 채 당신이 만족할 만큼의 명품 외모를 바라며 사랑하는 사람을 괴롭혀 왔는지도 모른다.

**당신은 마음을 얻기 쉬워서 애완동물을 사랑하는 것인가?**
단순한 행위의 반복, 사료만 꼬박꼬박 챙겨줘도 애완동물은 당신을 따른다. 당신은 사랑하는 사람을 반복적으로 챙겨주고 모든 것을 다 해줬다고 생각한다. 만약 사랑하는 사람이 그 이상을 바란다면 당신은 사랑을 부담스러워할지도 모른다.

**애완동물은 부담 없이 대할 수 있기 때문에 사랑하는 것인가?**

주인은 뭐든 마음대로 할 수 있다. 애완동물이 반항하면 버리면 그뿐이다. 위자료를 챙겨줘야 하거나 감옥에 갈 필요도 없다. 주위 사람들의 따가운 눈총을 받을지 모르지만 다부지게 마음먹고 남에게 주거나 몰래 버리면 그만이다.

절절한 사랑도 당신이 버리기로 마음먹으면 그뿐이다. 오히려 사랑을 버린 덕분에 다음 사랑에 대한 여지가 생겼다고 안심할지도 모른다. 그저 다음 사랑이 애완동물처럼 좀 더 자유롭고 부담 없는 사랑이 되길 바랄 뿐이다.

이제 마지막으로 당신에게 묻고 싶다.
당신은 정말 애완동물을 사랑하는가?

당신은 정말 그 사람을 사랑하는 것일까?

## 등 돌린 이유

그녀가 등을 돌렸던 것은
마주 보기 싫어서가 아니라
그가 뒤에서 꼭 껴안아주기를 바라서였다.

대부분의 남자들은 그 이유를 모르고 여자들과 똑같이 등을 돌리고 만다. 잠들지 못하는 여자와 등진 자세로 쉽게 잠에 드는 남자의 동상이몽.

# 3장

## 외롭거나, 혹은 귀찮거나

## : 접근

남자도 밤에는 고독의 매듭을 풀고 싶다. 대화가 절실하다. 한창 인터넷 카페에서 글을 읽고 있는데 누군가 대화를 신청한다.

누구님이 1:1 채팅을 요청하셨습니다.

마침, 잘됐다. 수락하자!

누구님이 대화방에 참여하셨습니다.
누구님의 말: 님 여성분?
송창민님의 말: 저는 남자인데요.
누구님이 대화방에서 나가셨습니다.

뻔한 접근이었는데 뭘 그렇게 기대했을까? 목적에 어긋나면 접근할 때와 달리 허락을 받지 않고도 멀어지는 법인데.

# 어떤 기다림

하루 종일 전화를 받지 않는 그녀.
불안한 마음에 그녀의 집 앞에서 한참을 기다렸습니다.
열 시간쯤 지났을까, 그녀에게 전화가 왔습니다.
"왜 이제 전화했어! 너희 집 앞에서 열 시간 넘게 기다리고 있어!"
"나 지금 집 앞인데. 어디야?"
"너희 집 앞 PC방."
"……"

얼마나 기다렸는가보다 어떻게 기다렸는가가 더 중요할 때가 있다.

# 엉터리 라푼젤 이야기

먼 옛날 높고 어두운 성에 라푼젤이라는 소녀가 갇혀 있었습니다.
라푼젤은 하루도 빠짐없이 그녀의 긴 머리카락을
창밖으로 늘어뜨렸습니다.
많은 사람들이 그녀의 머리카락을 잡고 조금씩 위로 올라왔지만
끔찍하게도 모두 추락하고 말았습니다.
그때마다 라푼젤은 아련하게
저 아래를 내려다볼 뿐이었습니다.

사실 그녀 역시 아무렇지 않았던 것은 아닙니다.
그들은 추락하기 직전까지
라푼젤의 머리카락을 너무 심하게 잡아당겼으니까요.
꽤나 큰 고통이었습니다.
참 재미없는 놀이라고 생각한 라푼젤이 말했습니다.
"다들 정말 알면서도 그렇게 기를 쓰는 거야?
이곳까지 올라와서 나를 구해 달라는 게 아니야.
어둡고 차가운 이 성에 나와 함께 갇히는 거야.

그래도 정말 괜찮겠어?"
라푼젤은 여전히 머리카락을 늘어뜨리고 있지만
더 이상 아래를 내려다보지는 않습니다.
하늘과 맞닿아 있는 그녀의 눈동자는 점점 더 공허해져만 갔습니다.

얼마나 시간이 흘렀을까요?
라푼젤은 두피에 느껴지는 강하고 낯선 느낌에
아래를 내려다보았습니다.
누군가 그녀의 머리카락을 타고 아주 가까이 올라와 있었습니다.
이제 한 번만 더 손을 뻗으면 닿을 듯합니다.
라푼젤의 눈높이까지 올라온 그 사람은 웃고 있었습니다.
마치 모든 걸 다 가졌다는 듯이.
그 웃음은 바로 성취감이었습니다.
순간 라푼젤은 소름이 돋았습니다.
라푼젤은 황급히 자신의 머리카락을 자르기 시작했습니다.
싹둑. 싹둑.

라푼젤은 그 사람과 동시에 죽어버린 자신의 긴 머리카락을
가만히 내려다보았습니다.
"당신은 분명 후회할거야."
아직도 그 사람의 마지막 절규가 메아리 치고 있습니다.
잘려나간 머리카락을 움켜쥐고
라푼젤은 그제서야 참았던 눈물을 흘립니다.
하지만 곧 괜찮아졌습니다.
잘려나간 머리카락이 너무 억세고 더러워져 있었다는 걸
그때서야 깨달았으니까요.
더러워진 것을 자르는 건 당연하다고 생각했습니다.

정말 혼자입니다.
"괜찮아. 머리카락은 다시 기르면 돼.
이번에 머리를 기르면 꼭 당신이 와줘."
거울 속에 비친 자신에게 라푼젤은 조용히 말하고 있습니다.

관계는 외로움 앞에서만큼은 항상 냉정했다. 혼자여도 외롭지 않다면 관계는 시작되지 않았으며 둘이어도 외롭다면 관계는 끝이 났다. 우리는 누군가와 함께하고 싶었던 것이 아니라 누군가에게 우리의 외로움을 나누어주고 싶었던 것인지도 모른다.

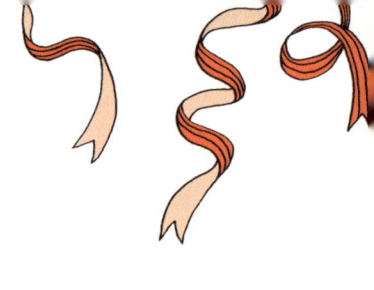

## 사랑 풍선

그는 그녀에게 소신껏 사랑을 담아 선물했습니다.
하지만 그녀의 입장에서는 만족스러운 선물이 아니었습니다.
시큰둥한 표정과 실망스러운 말투로 그녀는 말했습니다.

"이건 내가 원한 선물이 아니야. 내가 원하는 것을 해줄 수는 없니?"
"나는 네가 이걸 원할 거라고 생각했어."
"사랑한다면 원하는 것이 무엇인지 알아야 하잖아."

그는 더 이상 할 말을 잃은 채 뒤돌아서버렸습니다.
그러고는 중얼거렸습니다.
'너도 모르잖아. 내가 원했던 반응은 이게 아니었는걸.'

나의 사랑, 너의 사랑. 서로가 각자의 사랑을 강조한다. 하지만 사랑이 시작되면 사랑은 너와 나 사이에서만 존재한다. 그 사랑을 서로 보지 못하고 손에 쥐려 한다면 둘 사이에 있던 사랑은 풍선처럼 터져버린다.

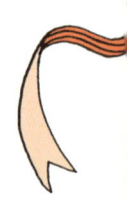

# 좋아하는 것과 가까운 것

좋아한다는 것의 반대말은 가까워진다는 말일지도 모른다. 이제껏 좋아할 수 있었던 사람은 많지만 가까워진 사람은 드물었으니까. 항상 좋아하는 것과 가까운 것은 반대로 돌아가고 있었다. 좋아하지만 가깝지 않음을 느꼈고, 가깝지만 좋아하지 않음을 느꼈으니까. 둘의 가치를 따진다면 영원히 결판 나지 않을 듯하다. 좋아하는 것만으로 또는 가깝다는 것만으로 만족하기도 한다. 하지만 둘 다 충족시켜 주는 사람도 분명 존재한다. 좋아하면서도 참 가까운 사람.

지금 그런 사람이 곁에 있다면 당신은 행운아다. 그런 사람을 만나기란 결코 쉽지 않다. 그래서 그 사람은 당신이 지켜야 할 목록의 첫 번째를 장식해야 한다.

좋아해도 가까워지지 않는다면 좋아하지 않을 것이다. 가까워져도 좋아지지 않는다면 가까워지지 않을 것이다.

# : 슬픈 반란

 진지하게 딱 하나만 물어보자. 너는 나 때문에 화가 나고 답답하다고 했지. 나 때문에 단 한 번이라도 마음 아팠던 적은 있니? 그랬다면 나도 마음을 다해 몇 배로 아파해줄 자신이 있어. 상처받을 만큼 받은 나는 그런 건 잘해.

 하지만,
 너는 아니야.

 그래서 내버려둔다. 안녕, 그 속에서 계속 웃길. 더 이상 내가 존재하지 않는 곳에서 너는 지금처럼 존재하길.
 안녕, 잘 있어.

*작은 일에도 마음 쓰이는 관계일수록 상처받기 쉽지만 서로가 다시 어루만져 주기에 슬프지 않다. 하지만 둘 중 한 사람이라도 마음이 쓰이지 않는 관계는 상처가 없어도 아프고 슬프다. 어루만져주는 사람도 없다.*

# 가위바위보 법칙

가위는 바위에게 진다.
바위는 보에게 진다.
보는 가위에게 진다.
이 간단한 게임에 복잡 미묘한 인간관계의 법칙이 숨어 있다.
'인간관계는 상대적이다'라는 법칙이다.

당신에게 호의적이지 않던 사람보다
더 괜찮은 사람이 당신에게 호의적일 수 있다.
냉담한 반응을 보이는 사람과 만나더라도
섣불리 기죽거나 위축될 필요 없다.
사람들과의 관계에서는 진정한 패자도 승자도 없기 때문이다.
자신보다 멋진 사람과 관계 맺을 수도,
자신보다 못난 사람과 관계 맺을 수도 있다.
이러한 관계의 상대성을 인정한다면,
적어도 다른 사람이 자신을 미워하는 마음보다
자신이 스스로를 미워하는 마음이 더 커지는 불행은 막을 수 있다.

가위바위보 법칙.
어떤 조건이나 능력과 상관없이
가위였던 당신에게 그 사람은 단지 바위를 냈을 뿐이다.
그런데도 자신과 상대방을 탓한다면
관계는 수능시험보다 더 까다로워질 수밖에 없다.

나를 한없이 부족하다고 내몰던 사람도 누군가에게는 한없이 부족한 사람이다. 내게 하찮던 사람도 누군가에게 있어서는 동경의 대상이 될 수 있다. 인간관계 때문에 주로받는 상처를 조금 덜어내자.

# 체질 배려

그는 아무리 먹어도 살이 찌지 않지만
저는 물만 먹어도 살찌는 체질이랍니다.
그와 사귀면서 벌써 5kg이나 체중이 늘었습니다.
게다가 그는 기름진 음식을 어찌나 좋아하는지.
이러다 제 몸매 다 망가질까 걱정입니다.
안 그래도 라인이 없어서 속상한데.
오늘도 그는 잔뜩 신나는 목소리로 고기 먹으러 가자고 합니다.
만나고는 싶지만 은근한 압박이 저를 짓누릅니다.
그는 예전보다 살찐 제가 귀엽다고 하지만
저는 정말이지 살이 오른 모습이 싫습니다.

살을 빼려고 부단히 노력해 보지만 그를 만나면 계속 먹어야 하니까 쉽게 빠지지 않습니다.
자꾸만 번식하는 제 살들이 부담스럽습니다.
그 역시 점점 부담스러운 존재가 돼가는 것 같습니다.

만약 당신이 상대방의 체질을 배려하지 않는다면 상대방의 마음에는 빨간 불이 켜지게 된다. 상대방은 마치 신체에 침입한 병균에게 저항하듯 당신을 밀어낼 것이다.

## 아직도 미련이?

옛 애인에게 전화를 건 후, 몸서리치게 후회하는 이유는
무덤덤하고 싸늘한 그의 반응 때문만은 아니다.
사랑하던 그때의 감정이 다시 꿈틀거려서도 아니고
다시 사귀고 싶어서도 아니다.
단지 어떤 상황에 못 이겨 그 사람을 찾았기 때문이다.
회사에서 상사와 마찰이 있어 술 마시고 집에 가다가,
할 일 없는 외롭고 긴긴 밤 얘기할 상대가 필요해서
전화를 걸어본 것뿐이니까.
밀려오는 후회에 다시는 전화하지 않겠다고 맹세하지만
막막한 상황이 되면 또 통화버튼을 꾹 누르고 만다.

후회를 반복하다 보면 나조차 헷갈리기 시작한다.

왜 하필 그 사람이냐고! 혹시 아직도 미련이 남은 거야?

사랑과 상황을 분간하지 못하는 사람은 자신의 상황을 위해 사랑을 들먹거린다. 하지만 아쉽게도 사랑은 자신의 상황을 위해 아무것도 해줄 것이 없다. 사랑은 상황에 따라 달라지는 것이 아니기 때문이다. 상황에 따라 바뀌는 사랑은 결코 사랑이 아니다.

## 무대효과

절친한 친구에게 소개받을 때와 모르는 웨이터에게 부킹받을 때,
소개받은 사람의 느낌이 같을 수는 없다.
토요일 밤 길거리에서 말을 걸었을 때와
일요일 오후 예술의전당에서 말을 걸었을 때,
말을 건 사람의 느낌이 같을 수는 없다.
같은 회사 사람이 고백했을 때와 다른 회사 사람이 고백했을 때,
고백한 사람의 느낌이 같을 수는 없다.
똑같은 배우라도 무대에 따라 연기의 느낌이 달라질 수 있다.
당신은 주로 어떤 무대에서 활동하는가?
배우의 자질이 부족해서가 아니라
무대 장치가 미흡했기 때문에 외면당했을지도 모른다.

모든 원인을 자신에게만 돌리는 이유는 다른 원인들은 생각하기 귀찮았기 때문이다. 사랑하는 사람에게 맞추기 위한 노력보다 포기가 편했는지도 모른다.

# 참 잘했어요

잘해주고 나서 뒤에서 욕하고 후회해야 한다면,
잘해주는 것이 참을성과 고통을 수반한다면,
오랜 희생과 후회를 요구한다면,
자신을 과시하기 위한 수단이라면,
늘 못해주다가 어쩌다 한 번 잘해주는 거라면,
차라리 잘해주지 말자.
남에게 잘해주면서 자신에게까지 잘해줄 수는 없을 테니.

원래부터 잘해주는 사람이라고 끝까지 잘해줄 거라 생각지 말자. 남에게는 잘했지만 정작 자신에게 잘해주지 못했다는 것을 알게 된다면, 억눌려왔던 원망과 분노를 당신에게 모두 돌릴 수도 있다.

# 묻는 자의 슬픔

"좋아하는 색깔이 뭔가요?"
"어떤 장르의 음악을 선호하세요?"
"혼자 여행 가본 적 있나요?"

지루한 질문의 연속.
뭐가 그리도 궁금한지 나는 계속 질문만 하고 있다.
하지만 무안할 정도로 '예', '아니요' 딱 잘라 돌아오는 대답들.
그 사람의 한심한 눈길과 어색한 미소가 내 목을 조르는 듯하다.
나는 구멍 난 자리를 황급히 메우는 사람처럼 어쩔 줄 몰라 한다.
질문이라도 하지 않으면 그 사람이 금방 자리를 박차고 나가버릴 것 같다. 나의 질문에 감춰진 용기를 알아주길 바랐건만.

이제 관심도 호감도 사라지고 단순히 그가 어떤 사람인지만 알고 싶다. 아니, 이미 알아버린 건지도 모르겠다.
더 이상 질문할 필요가 없는 게 아닐까.
질문이 끊기고 오 분도 채 되지 않아 내 예상은 적중한다.

"그만 일어날까요? 저녁에 다른 약속이 있거든요."
신기하게도 그 사람의 퉁명스러운 말이 반갑게 들린다.

그래, 잘 가라.
당신에게 묻고 또 물었던 건 혹시나 하는 기대 때문이 아니야.
큰 상처 없이 끝내고 싶었을 뿐이야.
당신을 알면 알수록 내가 덜 상처받을 걸 잘 아니까.
그런 내 마음을 아는지 정석대로 나의 단념을 유도하는 당신.
참 고맙네요.

당신은 나를 모르면서 그저 미워하기만 하네요. 나는 당신을 몰라서 미워할 수가 없어요. 그래서 당신을 한 번 알아보려 했지만 그럴 기회조차 주지 않네요. 서로에 대해 모르면서 서로를 미워할 수 있는 사람들이 살고 있는 이상한 세상.

# 끄덕끄덕

그래서? 어쩌라고! 나는 잘 모르겠는데.

상대방이 도무지 알 수 없는 말을 할 때 누구나 기분이 썩 좋지는 않다. 그래서 상대방의 말이 머릿속까지 전달되기도 전에 더러운 것을 쫓아내듯 내친다. 그다음부터는 반박해 봤자 스트레스만 받는다며 무시해 버린다. 무시하면 할수록 자신에게 남는 것은 새로운 비난의 단어들뿐.

아무리 다양한 사람을 만나도 생각은 결코 다양해지지 않는다. 상대방이 자신과 동떨어진 말을 할 때마다 서로의 생각 차이를 확인할 뿐이다. 생각이 다를 수밖에 없다는 것을 알면서도 더욱 강하게 부정한다. 인정해 버리면 공감하는 것이 될까 봐, 자신도 똑같은 사람이 될까 봐. 그렇게 서로의 말을 지우면서 살아간다.

타인의 말에 공감할 수 없더라도 이해할 수는 있다. 자신과 견해가 달라도 한 번쯤 생각해 볼 수는 있다. 이해는 부드럽게 마음으로 전해지는 따뜻한 바람과도 같다. 상대방을 이해할수록 그 어떤 의문도 비난도 없이 마음은 편해지기 마련이다.
 '아, 이런 것도 있었구나!'
 고개를 끄덕일 때마다 자신이 모르던 것을 알게 된다. 인간관계에서 이해는 견문을 넓혀줄 뿐만 아니라, 자신을 동경할 만한 사람으로 만들어주기도 한다. 망설이며 꺼낸 이야기를 이해하려는 당신 모습에서 상대방도 비로소 이해할 수 있기 때문이다. 앞에 앉아 있는 사람의 바다 같은 마음과 넓은 시야를.

*알 수 없는 말을 듣는 것이 아니라 못 들어본 말을 듣는 것이다. 내가 모르던 것을 상대방의 말을 통해 한 번쯤 생각해 본다면 분명 그 말을 어디선가 다시 듣게 될 것이다.*

## 엄친아

10대 때는 공부.
20대 때는 취업.
30대 때는 결혼.
40대 때는 효도.
50대 때는 용돈.
반평생을 엄마 친구 아들과 비교당해야 할지도 모른다.
그래도 반평생을 엄마와 함께할 수만 있다면…….

친구 아들과 비교해도 좋으니까 항상 건강하세요…….
생각의 각도를 조금만 바꾸면 평소 불행했던 것들조차 행복이 된다.

## ː그걸로는 부족해

나의 왼손이 나의 오른손을 꼭 잡았다.
오른손은 잡아주는 왼손의 감촉만을 느낀다.
왼손은 잡고 있는 오른손의 감촉만을 느낀다.
그걸로 됐다.
혼자라도 괜찮다.
또다른 손은 필요 없다.
나는 그렇게 단련되어 왔다.
그렇게 단련되어 갈 것이다.

거짓말! 누군가 따스한 손을 내밀면 주저하지 않고 초라하고 싸늘한 두 손을 맡겨 버리면서! 사랑을 배척하는 사람일수록 오히려 격정적인 사랑에 빠질 가능성이 크다.

# 안타까운 우정

나에게는 다섯 명의 친구가 있었습니다. 하지만 모두가 멀어져 갔습니다.

첫 번째 친구는 늘 자기밖에 몰라서 멀어졌습니다.
두 번째 친구는 나에 대한 질투심이 너무 강해서 멀어졌습니다.
세 번째 친구는 애인만 생기면 소식이 끊겨서 멀어졌습니다.
네 번째 친구는 환경이 너무 달라서 멀어졌습니다.
다섯 번째 친구는 돈을 빌려간 이후로 멀어졌습니다.

멀어졌던 친구들이 하나둘씩 다시 연락해 옵니다.

첫 번째 친구는 자신이 근무하는 회사의 보험에 가입하라고 합니다.
두 번째 친구는 제법 규모있는 사업체를 운영한다고 합니다.
세 번째 친구는 자신의 결혼식에 참석해 달라고 합니다.
네 번째 친구는 좋은 곳에서 함께 술을 마시자고 합니다.

다섯 번째 친구는 마지막으로 한 번만 더 돈을 빌려달라고 합니다.

다들 형식적인 안부 인사를 건넨 후 자신의 목적만을 얘기하고는 황급히 전화를 끊어버립니다. 친구들에 대한 그리움도 함께 끊어집니다. 못다 한 내 말들도 끊어집니다. 이제는 친구가 점점 부담스럽고 아득한 존재가 되어가는 것 같습니다.

친구들아!
다들 어디에 있니.

우정은 상황이 쌓여 생긴다. 그래서 우정은 늘 나의 상황과 어울렸을 뿐 나와는 따로 놀았다. 상황이 여의치 않으면 우정도 사치가 되어버린다.

# 불편한 배려

아버지와 아들의 행선지는 멀티플렉스 영화관이다. 모처럼 만의 특별한 외출. 배우를 꿈꿀 만큼 영화를 좋아한 아버지이지만 이렇게 함께 영화관에 오기까지 참 오랜 세월이 걸렸다.

혹시 예전과 달라진 영화관 환경에 당신이 불편해할지 모른다는 생각에, 나는 촉각을 곤두세운다.

"자리는 편하세요?"

"뭐 드시고 싶은 것은 없으세요?"

영화가 시작되었지만 내 마음은 줄곧 당신에게 가 있다.

"자막은 잘 보이세요?"

"눈은 안 아프세요?"
"이것 좀 드실래요?"
하지만 뒤늦게야 깨달았다. 나의 지나친 배려가 오히려 당신을 불편하게 만들고 있다는 것을.

점원의 따뜻한 친절과 열성적인 배려가 귀찮고 부담스럽게 느껴진 적 없는가? 가만히 옆에 있어주는 것만으로도 상대방이 편하다면 그것이 바로 최고의 배려다.

# 착한 여자

남자들에게 한없이 착한 여자가 있다. 그래서 남자들에게 항상 인기가 많다. 인기에 보답이라도 하듯 착한 그 여자는 남자들을 대할 때마다 애교 있고 상냥한 천사가 된다.

착한 여자는 여자 친구들에게는 천사가 아니다. 오히려 은근히 따돌림을 당한다. 하지만 착한 여자는 전혀 개의치 않는다. 수많은 남자들이 자신을 좋아하니까. 가진 자의 여유를 부리며 친구들을 내려다본다.

친구들은 화가 나서 착한 여자를 좋아하는 남자들에게 고자질을 하지만 비겁하다며 되려 비난만 듣는다. 그렇게 남자들은 보이는 대로 믿어버린다. 착한 여자의 내숭은 애교로 봐주고 공주병도 예뻐서 봐준다. 착한 척하는 것을 잘 모르기에 착한 여자는 남자들에게 원래 착한 사람일 뿐이다.

남자들은 오해한다. 자신에게만 착한 여자일 것이라고. 남자들에게만 착한 여자는 모든 남자들에게 착한 여자이고 싶어한다. 한 남자에게만이 아니라 모든 남자에게 착하게 대한다. 이것이 남자에게만 잘 보이려고 애쓰는 착한 여자의 특징이다.

여자로서, 여자라면, 남자에게 인기 없다는 말을 듣는 것보다 남자 밝힌다는 말을 듣는 것에 더 자존심 상해야 하는 것 아닐까?

## 4장

### 세상의 벽 앞에 서다

# 방황

방황을 하는 것은 수취인 불명의 소포를 부치는 것과 같다.
혼란스러운 마음 한 조각 조심스레 포장해서
가는 곳도 모른 채 멀리 떠나보내면,
수취인 불명의 소포는
여기저기 다니다가 결국 나에게 돌아온다.
내 주소가 또박또박 적혀 있기 때문이다.

방황은 떠나기 위해서가 아니라
제자리로 돌아오기 위해 하는 것이다.
얼마만큼 어떤 방황을 했는지보다
나에게로 돌아오느냐 못 돌아오느냐가 더 중요하다.
쏟아지는 혼란을 보듬고 자신으로부터 먼,
낯선 곳으로 도망가 방황을 계속하다가도
결국에는 자신의 자리를 찾는다.
방황은 언제 어디서 시작되는지도 모르고
몇 번이고 거듭될 것이다.

언제든 돌아갈 곳을 남겨두고 방황하자.
얼마나 멀리 가든, 많은 시간이 걸리든 간에
최소한 길을 잃지는 않을 것이다.
자유롭게 방황했다면 자유롭게 돌아오면 된다.
그리고 제자리로 돌아와서 말하면 된다.
가끔 그때의 방황이 그립다고.

어디에 있든 나침반은 늘 한곳을 향하고 있었다. 방황하는 이여, 이제 돌아오기만 하면 된다.

## : 슬픔 + 슬픔

장기적인 경기 침체 때문에 슬퍼.
비정규직이라서 슬퍼.
가난해서 슬퍼.
그에게 차여서 슬퍼.
뚱뚱해서 슬퍼.

누가 가장 슬플까?
세상에는 참 슬픈 사람이 많다.
하지만 누가 가장 슬프고 따위는 없다.
어차피 자신의 슬픔이 가장 클 뿐이다.

내가 슬플 때 다른 사람의 슬픔은 보이지 않는다.
나만의 슬픔을 떠안고 치유하기 위해
모든 집중력이 동원된다.
슬픔 뒤에 남은 내 안쓰러운 상처마저도 특별해진다.

저마다 자신의 슬픔만이 크다고 내세우지만
나의 슬픔과 타인의 슬픔은 비교할 수가 없다.
섣불리 두 슬픔을 비교하다가는 동정조차 받을 수 없게 된다.
슬픔은 무엇보다도 이기적이다.
그래서 타인의 슬픔에 공감할 수 없을 때가 더 많다.
그렇다고 나쁘다고 말하지는 말아주길.
지금 나의 슬픔,
그 위에 이를 몰라주는 또하나의 슬픔이 보태지니까.

나 혼자서만 엄살을 피우고 있는 것이 아니다. 누구나 원래의 슬픔보다 더 큰 슬픔을 느끼며 살아간다.

# 번지점프

극단적이고 위험한 생각에, 현실에서 도망치듯이 달리고 또 달렸다. 지금 나는 절벽 위에 있다. 아슬아슬하게 아래를 내려다보지만 더이상 두려움은 없다. 떨어지느냐 마느냐만을 갈등할 뿐이다.

한 발만 더 디디면 바다로 떨어지고 만다. 돌아가기에는 너무 멀리 와버렸다. 그냥 저 아래로 떨어져버릴까?

고민도 잠시, 어쩔 수 없음에 몸을 맡기고 나는 추락한다. 칠흑 같은 어둠이 내 몸을 끌어당기고 검푸른 바다가 나를 집어삼키려 한다.

나는 파도처럼 부서지겠지.

정신이 아득해진다. 생각보다 훨씬 두렵다. 그 어떤 때보다 슬픈 눈물을 흘리고 있다. 마지막 인사를 할 용기가 나지 않아 눈을 질끈 감아버린다.

얼마 지나지 않아 내 두 눈은 휘둥그레졌다. 내가 무언가에 의지해 다시 절벽 위로 딸려 올라가고 있었기 때문이다. 처음부터 내 발에는 튼튼한 밧줄이 묶여 있었던 것이다.

나 몰래 누가 묶어놓았을까?
마지막까지 눈물 글썽이던 나의 미련이 묶어놓은 걸까?
언제나 묵묵히 나를 따라다니던 생명줄.

이곳에는 다시 오지 않을 것이다. 살아 있으면서 돌아오지 못할 강을 건너는 것만큼 어리석은 일도 없다. 이제 위험한 절벽을 등지고 왔던 길로 다시 돌아가리라.

나락까지 떨어져도 살 만한 작은 이유 하나가 손 내밀거든 그 손 잡고 꼭 올라오기를.

# 진통제와 치료제

　시간은 약이다.
　뼛속까지 파고들던 아픔도 시간이 지나면 무뎌진다. 숨 쉴 수 없을 만큼 큰 슬픔도 견딜 만해진다. 하지만 시간은 진통제일 뿐 모든 슬픔과 고통을 거둬주는 치료제는 아니다.

　모든 것을 잊었다고 믿지만 어느 날 문득 떠오르는 추억 앞에서 다시 한 번 쓰라린 아픔을 느껴야 한다. 일시적이지만 계속 반복되기에 마음이 무너져내린다. 그렇다고 또다시 시간에 기대어 마음을 누르고 기억을 지울 수는 없다. 소중한 기억마저도 희미해지기 때문이다. 시간이라는 진통제에 만성이 될수록 외로움이라는 부작용까지 생기기 때문이다. 시간은 때로는 해롭고 독한 진통제였던 것이다. 진짜 치료제는 어디에 있는 것일까?

치료제를 찾기 위해서는 일단 시간에 의지했던 혼자만의 슬픈 궤도를 벗어나야 한다. 그러고 나서 뒤돌아보지 않고 달려가야 한다. 다시 사랑이 시작될 만한 곳까지. 그곳에서 비로소 치료제를 발견할 것이다.

헤어진 사람과 다시 만나거나,
새로운 사람을 만나거나.

애써 괜찮은 척하지만 지금 네 마음이 아프다는 걸 알아. 견딜 만했던 것이 아니라 견딜 만해질 때까지 참은 것뿐이야. 이번엔 시간을 믿지 말고 다시 한 번 사랑을 믿어보는 게 어때?

# 찰칵찰칵

그녀가 잠깐 자리를 비웠다.
무심코 그녀의 빈자리를 디지털 카메라에 담았는데,
그렇게 허전해 보일 수가 없다.
그녀가 왔을 때 좀 전에 찍어둔 사진을 보여주었다.

"너 하나 빠졌을 뿐인데 마치 세상이 텅 빈 것 같아 보인다."

그러자 그녀는 아무 말 하지 않고
가녀린 손으로 있는 힘을 다해 내 손을 꼭 잡아준다.
내가 찍은 사진은 그녀의 지워지지 않는 추억이 되었다.

넌 정말 특별한 사람이야, 어디서든 널 느낄 수 있어,
너는 내게 있어 꼭 필요한 사람이야……
서로의 존재감을 상기시키는 말만큼 특별한 위로는 없다.

# 어둠의 조련사

저 사람은 정말 열심히 공부하네요.
**아니야!** 머리가 나빠서 그런 거야.
너는 머리가 좋아서 그렇게 하지 않아도 돼!

저 사람은 아직도 일을 하고 있네요.
**아니야!** 뒤처져서 그런 거야!
너는 일을 잘하니까 그만 끝내고 집에 가서 쉬어!

저 사람은 매일 운동을 하네요.
**아니야!** 뚱뚱해서 그런 거야!
너는 운동하지 않아도 날씬하니까 괜찮아!

저 사람은 옷을 잘 입네요.
**아니야!** 얼굴이 못생겨서 그런 거야!
너는 예뻐서 아무렇게나 입어도 상관없어!

저 사람은 자기 자신을 무척 사랑하네요.
**아니야!** 잘난 척하려고 그런 거야!
너는 원래 잘났기 때문에 그럴 필요 없어!

그래도 뭐라도 해야 할 것 같아요. 이대로는 안 될 것 같은데?
**아니야!** 너같이 평범한 사람도 있어야 세상이 돌아갈 수 있는 거야!

어둠의 조련사는 특별한 사람을 평범하게 바꾸기 위해 엄격하게 훈련시킨다.
지금 이 순간에도 어김없이 당신을 조련하고 있을지 모른다.
책은 틈틈이 읽는 거야! 이제 그만 덮어!

생각 없이 덮어놓고 위로하는 자기합리화가 어둠의 조련사를 스카우트했다. 이제 낙오자가 되는 것은 시간문제이다.

# 사랑의 가산점

연애 대상에 대한 사람들의 기준은 분명히 존재한다. 객관적으로 봐도 만족할 만한 수준의 외모와 성격, 능력과 집안 등. 하지만 실제로 연애를 하면 자신이 사랑하는 사람에게만큼은 주관적인 기준만을 적용시킨다. 좋은 것이라고 알고 있던 객관적인 기준도 주관적인 하나의 물음으로 변한다. '정말 그 사람을 사랑하느냐'이다. 만약 마음속에서 '사랑해'라고 대답한다면 그 어떤 기준도 상관없이 그 사람을 사랑하기로 마음먹는다. 하지만 남들은 종종 겉으로 드러나는 모습만을 평가하고 똑같은 말만 되풀이한다.

"네가 아까워! 왜 그 사람과 사귀는지 도무지 모르겠어."

남들이 모르는 것은 당연하다. 오직 자신만의 기준으로 사랑하는 사람에게 가산점을 붙였기 때문이다. 사랑하는 사람에게만 주는 가산점은 객관적인 기준을 무색하게 만들고 그 사람을 사랑할 수밖에 없는 결정적인 이유가 된다. 사랑으로 부여된 가산점은 상대방의 모자란 부분까지도 채운다. 아무것도 없어 보이는 사람이라도 사랑한다면 후한 가산점을 줄 수 있고, 후한 가산점은 상대방도 모르던 자신의 장점을 발견해 낼 수 있게 해준다. 아무런 조건 없이 자신의 마음만으로 상대방을 빛나게 만드는 것이다.

상대방은 빛이 날만큼 자신을 사랑해 준 사람을 더 사랑하리라 다짐한다. 서로에게만 유효한 가산점은 사랑의 연결고리가 되어 서로를 좋은 사람과 좋은 사람으로 이어준다. 그렇게 아무도 모르는 사이에 둘만의 연애가 시작된다.

사랑의 가산점 덕분에 당신은 기대했던 것 이상으로 사랑받게 될지도 모릅니다.

# 가시

나는 가시를 가지고 있어.
내 가시 때문에 당신이 상처받았다면,
그건 내 잘못이 아냐.
가시를 만진 건 당신이니까.
당신의 상처는 곧 아물고 두 번 다시 가시를 만지지 않겠지.
그리고 고맙게도 그 일을 잊겠지.
가시에는 아직 지워지지 않는 피가 맺혀 있는데도 말이야.
나는 그거면 됐어.

누구든 나를 아프게 하는 상처가 될 수 있다. 하지만 너무 억울해 할 필요는 없다. 나도 누군가의 지워지지 않을 흉터가 될지 모르기 때문이다.

## : 무지한 실랑이

한 커플이 실랑이를 벌이고 있었다.
"아니야! 버스가 더 빨라!"
"아니야! 지하철이 더 빨라!"
아니야! 둘이 꼭 붙어 앉아 있을 수만 있다면
버스를 타든 지하철을 타든 다 빨라!
오히려 더 늦게 도착하길 바랄걸!

사랑하는 사람과 함께라서 어디든 근거리였다.

# :주름의 역사

'젠장! 큰일이다!'
문득 거울을 보니 눈가에 주름이 하나 더 늘었다.
기분 나쁠 정도로 심장 박동이 빨라지고
누군가 내 마음을 차가운 시멘트 바닥에 내동댕이친 듯하다.
막을 수 없는 불안감이 들이닥친다.
미루고 미뤄왔던 한마디를 씁쓸히 던진다.

'나도 이제 늙어가는구나.'

언제까지나 오지 않을 것 같던 나이듦.
예외 없이 나를 찾아왔다.
갑자기 예전 사진들을 찾아본다.
'저때만 해도 쌩쌩했는데 말이야.'

너무 억울하다. 마치 내 전부를 도둑맞은 심정이다.
젊음을 유지하기 위해 노력하지 않았던 것이 아프게 후회된다.
하나하나 지켜가기에는 너무 벅차고 귀찮았던 것이 사실이다.
이제 받아들이든가 수술대에 오르든가 결판을 내야 할 때다.

생각보다 늙어간다는 것은 그리 두려운 것이 아니다.
하루아침에 주름이 자글거리는 것이 아니듯
늙음은 그리 빠르게 진행되는 것도 아니다.
충분히 준비할 수 있는 시간이 있다.
얼굴과 마음이 보조를 맞춘다면 문득 거울을 보고 비명을 지르는 일은 없을 것이다.
오히려 거울 앞에서 인자한 미소를 지으리라.

늙어가는 모습까지도 사랑하게 만드는 것은
바로 세월과 함께 발맞춰온 자신만의 역사다.
나이 들수록 역사도 깊어진다.
또한 소중한 기억으로 가득 차 있다.
더 많은 것을 알게 되고, 더 여유로워지고, 더 자신과 친숙해진다.

그렇게 경험과 노력으로 일군 많은 것을
주름 몇 개와 맞바꾸었을 뿐이다.

젊었을 때 나를 가꾸는 것은 남에게 잘 보이기 위함이지만 나이 들어서는 자신에게 잘 보이기 위해서다. 이미 남에게 잘 보이려는 노력이 얼마나 헛된 일인지 경험을 통해 알기 때문이다. 우리는 나이가 들수록 자신을 보다 나답게 가꿀 수 있다.

## : 그저 웃지요

눈뜨면 살아야 하고. 심장은 두근거림을 느끼는 만큼 숨을 내보내야 하고. 하루에도 몇 번씩 뇌를 울리는 알 수 없는 자신의 목소리를 들어야 한다. 눈을 피하다가도 시선이 가는 곳에 멈춰야 하고. 기억해야 하고 잊어야 한다.

그렇게 나는 살아간다.
그렇게 나는 살아가는 것이 조금 슬프다.

하지만 나는 웃는다. 모두가 나와 같으니까.
모두가 그렇게 살아가는 것이 당연하다고 말하니까.

원래 그런 것이라서 참 다행입니다. 그래서 큰 슬픔 아니라며 그냥 웃어넘길 수 있지요.

# 몰라도 돼

왜 너는 나를 사랑하지 않지?
왜 나는 가난한 집에서 태어났지?

기분이 나빠진다. 도무지 이해가 되지 않는다. 계속 생각하다가는 용량초과. 이해하기 전에 저 멀리 던져 버렸다. 풀리지 않은 채로. 해결되지 않은 채로.

하지만 상처는 제로.

때로는 모른 척하고 미완성으로 남겨두는 것이 어때? 인생의 과제가 너무 어렵다면 풀 수 있는 것부터 먼저 풀면 되는 거야.

# 뒤끝 없는 나

지금부터 나는 긴 머리 휘날리며 무작정 걷고 또 걸을 테지.
아무리 걸어도 나쁘지 않을 것만 같은 날씨는
이제 얼마 남지 않았겠지.
아쉬움이 남지 않게 이 바람을 간직할 수 있기를.
어설프기 짝이 없는 내 몸짓에 아파하지 않기를.
아무에게도 위로 따윈 바라지 않을 거야.
훌훌 털고 일어나
쇼핑도 하고 커피도 마시자.
자, 어디로 갈까?

아직도 혼자 바람 한 번 쐬고 나면 괜찮아질 수 있는 것들이 많아 얼마나 다행인지 몰라!

# 뽀빠이 전설

나는 그녀에게 해줄 수 있는 것이 별로 없다. 해줄 수 있는 것이라 곤 보잘것없는 것뿐인데 그녀가 그런 것을 바랄 리 없다.

차라리 아무것도 해주지 않는 것이 나을 듯하다. 분명 내 두 손이 한없이 초라해질 테니까.

하지만 정말 피하고 싶은 날이 다가오고야 말았다.

바로 그녀의 생일.

지금껏 모른 척 넘어갔지만 생일 선물만큼은 근사한 것을 사주고 싶다. 큰맘 먹고 그녀가 좋아하는 선물을 사주리라 다짐하며 함께 백화점으로 향했다.

하지만 그녀는 백화점에 들어가기 전에 시장 구경을 하고 싶다며 나를 재래시장으로 끌고 갔다. 그녀는 분주하게 여기저기 구경하기 바빴고 얼굴에는 생기가 가득했다.

찬바람에 양쪽 볼은 핑크색으로 물들고 오늘따라 유난히 귀여워 보였다.

나 생일 선물로 귤 좀 사줘!

갑자기 어린아이 같은 표정으로 귤을 사달라는 말에 나는 당황했다. 여자들은 항상 값비싼 선물을 바란다고 알고 있었고 그녀도 마찬가지일 것이라 생각했기 때문이다. 오천 원도 안 하는 귤을 정말 원하는 것인지 의아하게 그녀를 바라보았다.

그녀의 맑은 두 눈은 빈말이 아니라는 듯 빛나고 있었다.

귤을 한 봉지 사주자 그녀는 기다렸다는 듯이 그 자리에서 귤을 까먹었다.

네가 고른 귤이라서 그런지 더 맛있다. 다음에 또 사줘!

천사 같은 그녀는 바보 같던 나에게 알려주었다. 내가 그녀에게 사줄 수 있는 것이 이 세상에 얼마든지 존재한다는 것을.

무엇을 주어야 할지 부담을 느끼고 있던 내게 주는 즐거움을 선물해 주었다. 나는 소박한 기쁨을 느낄 줄 아는 그녀 옆에 머무르는 것만으로도 행복해질 것만 같다.

당신을 사랑하고 있는 남자도 혹시 예전의 나와 같지 않을까? 만약 그 사람이 당신에게 더 이상 해줄 것이 없다고 한다면 그 사람의 능력 때문이기도 하겠지만 당신 때문일 수도 있다. 항상 그 사람의 능력 밖의 것만을 원했는지도 모르니까.

어머니는 뽀빠이과자를 좋아하셨다. 그래서 연애시절 아버지는 어머니와 만날 때마다 뽀빠이과자를 선물하셨다. 아버지는 뽀빠이과자를 받고 기뻐하며 맛있게 드시는 어머니 모습에 이 여자와 평생을 함께하리라 결심하셨다고 한다.

# 일상 보고

막상 들어보면 소소한 일상의 나열.
오늘 누구를 만났고, 어디서 무엇을 했고, 어떤 일이 있었고 등등.
"그래서?"라고 반문한다.
사랑하기 때문에 누릴 수 있는 특권이
이기심 때문에 박탈당하는 순간이다.

사랑한다면 당연히 상대방의 일상도 특별한 관심거리가 된다. 지겨운 일상을 나열한다고 느낀다면 이미 상대방이 지겹다는 증거다. 어쩌면 하루하루 살아가는 날이 관계의 전부일 것이다. 사랑하는 사람의 일상을 무시하면 그 사람의 삶을 무시하는 것과 같다. 일상을 공유하지 못하는 관계는 끝나기 마련이다.

특별하지 않다는 것을 알기 때문에 말로 표현될 수 없었던 이야기들. 나조차도 그러려니 하고 넘겨버린 이야기들로 관심의 꽃을 피워주는 당신이 사랑스럽습니다.

# 순도 100퍼센트의 눈물

억울해서 울면 졌다고 한다.
화가 나서 울면 성질 좀 죽이라고 한다.
아파서 울면 엄살떨지 말라고 한다.
세상은 순도 100퍼센트의 눈물을 요구한다.
100퍼센트 슬프거나 100퍼센트 아플 때만 울라고 한다.
감당할 수 없을 만큼 벅찬 슬픔, 아픔, 감동으로 흘린 눈물이
아름답게 증발하기를 바란다.
참으로 무리한 요구가 아닐 수 없다.
그래서 사람들은 차라리 울지 않으리라 다짐하고
우는 법조차 잊어버린다.

나는 아무도 몰래 혼자 우는 어른이다.
뿌옇게 흐려진 시야와 뺨을 타고 흐르는 눈물의 감촉이
지금의 고통과 슬픔을 말해 준다.
갖가지 사연과 감정이 뒤엉켜 눈물을 떨군다.
눈물 한 방울에 모든 슬픔과 고통이 섞여 나오는 듯하다.

아무에게도 닦아달라고 말하지 않는다.
이제 그만하면 됐다고 혼자서 눈물을 닦아본다.
간신히 눈물이 그친다.
이제 좀 괜찮아진 것 같다.

혼자 흘리는 눈물의 의미를 그 누구도 알지 못한다.
얼마만큼 슬프고 힘들어서 우는지 따지지 말고
그깟 일로 왜 우냐고 위로하지도 말기를.
그저 조금 흘리고 닦아내면 된다.

### 눈물 사용 설명서

성분: 순도 100퍼센트의 눈물은 존재하지 않습니다.

용량: 죽을 때까지 마르지 않습니다.

사용법: 100퍼센트 자신을 속일 수 없는 눈물과 100퍼센트 닦아낼 수 있는 눈물이라면 맘껏 흘리십시오.

# 사랑을 버리는 이유

반드시 사랑이 식어서 이별을 결심하는 것은 아니다.
사랑을 버릴 때는 여러 가지 이유가 있다.

서운해서,
현실의 무게가 무거워서,
순간의 유혹을 이겨내지 못해서,
가족들이 반대해서.

이별을 말하는 사람은 사랑을 버릴 만한 이유가 충분히 있다.
나름의 이유 없이 사랑을 버리는 사람은 없을 것이다.
하지만 사랑을 버리는 이유는 다른 것을 버릴 때보다
더 사소하고 즉흥적이다.

서운해서 친구와 절교하는가?

현실의 무게가 무거워서 외출을 하지 않는가?
순간의 유혹을 이겨내지 못해서 직장을 그만두는가?
가족들이 반대해서 옷 스타일을 바꾸는가?

아마도 아닐 것이다.
하지만 같은 이유로 사랑은 포기한다.

결국 사랑은 그다지 중요하지 않았다는 말밖에 되지 않는다.

사랑은 빈자리가 없을 땐 보내고 빈자리가 생기면 불러오는 오 분 대기조가 아니다. 사랑을 만만하게 보다가는 사랑 역시 만만하게 왔다가 만만하게 떠나간다.

## 5장

## 나를 잘 아는 건 나 자신입니다

# 거북이의 착각

토끼와의 경주에서 이긴 거북이는 기세등등 했습니다. 거북이는 자신이 토끼보다 빨라서 승리했다고 믿었습니다. 자만한 토끼가 경주 중간에 낮잠을 잔 것을 몰랐으니까요. 거북이는 토끼보다 느린 모든 동물을 무시하기 시작했습니다. 심지어 거북이 동료들조차 상대하지 않았습니다. 비록 느림보지만 꾸준히 노력하던 성실한 거북이는 이미 사라진 지 오래입니다.

어느 날, 거북이는 육상 동물 중 가장 빠르다는 치타를 찾아가 달리기 시합을 제안했습니다. 착각에 빠진 거북이에게는 치타도 우스워 보일 뿐이었습니다. 황당한 제안에 치타는 웃으며 말했습니다.

"거북아! 네가 빠르다고 생각하니?"

"네, 치타님! 저는 토끼를 이겼어요!"

"그래? 그럴 수도 있겠지. 하지만 나에게 진다면 너의 인생은 슬퍼질지도 몰라."

"아니 왜요?"

"나를 이길 수 없다는 것을 인정해야만 하니까. 그래도 괜찮겠어?"

"괜찮아요, 저는 보통 거북이가 아니라고요!"

며칠 후, 많은 동물이 지켜보는 가운데 경주가 열렸습니다. 경주가 시작되자 치타는 눈 깜짝할 사이에 결승점에 도달했습니다. 반면 거북이는 이제 겨우 출발선을 조금 넘었을 뿐이었습니다. 치타에게 완벽하게 진 거북이는 달리기를 포기하며 말했습니다.

"그래도 나는 토끼보다는 빨라!"

자신을 똑바로 본다는 것은 참으로 어렵다. 꿈이 사라지기도 하고 감당할 수 없는 결점이 드러나기도 하기 때문이다. 그래서 사람들은 자유롭게 착각을 한다. 하지만 착각은 우리의 발목을 붙잡고 제대로 움직일 수 없게 만든다. 착각 때문에 정작 부족한 부분을 제대로 돌보지 못하고 엉뚱한 곳으로 이끌려간다. 현실은 냉혹해서 어느 누구도 토끼처럼 경주 중간에 결코 자만하거나 낮잠을 자지 않는다. 착각을 할수록 그 크기보다 몇 배로 큰 실망감과 허탈감에 시달리게 된다. 하지만 그다지 배려 없는 현실 속에서 자신만의 방식으로 있는 그대로 달려 나간다면 최소한 손해는 보지 않을 것이다.

# 신기한 유머

유머가 하나 있다.

취미가 뭐냐고 묻길래 "독서입니다"라고 대답했더니 상대방이 웃는다. 웃길 생각이 전혀 없었는데 꽤나 우스운가 보다. 왜 웃는지 알 수가 없다.

책과는 한참 거리가 먼 자신이 민망해서 웃는 것인지, 책의 가치를 알고 있는 사람을 만나 반가워서 웃는 것인지.

그는 내게 가장 감명 깊게 읽은 책이 뭐냐고 물어봤다. 말해도 모르면서 왜 묻는지. 나는 몇십 번도 더 본 성경과도 같은 책의 이름을 말해 주었다. 그는 당연히 모르는 눈치였고 기가 막힌 변명을 했다.

베스트셀러가 아니라서 모르겠다고.

나는 어이가 없어 웃었다. 이로써 서로가 동등하게 웃었다.

그래서 유머다.

    이러한 유머를 수차례 겪다 보면 알게 된다. 상대방이 평소 책을 읽는 사람인지, 아닌지를.

    흔해 빠진 취미일수록 달라질 수 있는 요소로 가득 차 있다. 사람들이 많이 알고 있을수록 다르게 해석해 볼 수 있는 기회가 주어지기 때문이다. 같은 것에 대한 나만의 의미, 나만의 해석. 아무리 같은 이름으로 불리더라도 같을 수가 없다. 고상한 취미인지 아닌지는 자신이 가장 잘 알고 있다.

    책은 우리에게 또다른 세상 속으로 가볼 수 있는 초대권을 쥐어준다. 그 광범위한 세상 속에서 나는 끊임없이 재창조된다.

# 숫자의 올가미

학점 3.0점

토익 850점

몸무게 55kg

연봉 2600만 원

부동산 0원

'이 사람은 이렇군!'

수학에는 약해도 숫자로 사람을 파악하는 것에는 강하다. 하나의 숫자를 보면 열을 알 수 있기에 그다음은 궁금하지도 않다. 깊게 생각할 필요도 없이, 눈에 쏙쏙 들어오는 숫자만 봐도 다 알 수 있다고 믿는다. 하지만 그토록 믿고 있던 숫자 때문에 간담이 서늘해질 때가 있다. 숫자가 중요해질수록 자신의 숫자를 공개하는 일도 잦아지기 때문이다.

자신의 숫자를 남에게 공개하는 것은 누구나 피하고 싶은 일이다.

그래서 모두들 숫자와 힘든 싸움을 해나간다. 숫자의 효력이 크게 작용하는 가치 몇 가지를 더 높이기 위해서 자신의 에너지를 아낌없이 바친다. 그 숫자를 곱한 것만큼의 무모한 짓도 마다하지 않는다.

그러다 보면 어지러운 숫자에 얽매여 좌절하고 후회할 일이 많아진다. 자신의 가치를 낮춰보는 괴로움도 느껴야 한다. 결국 자신이 숫자에 당한 만큼 다른 사람들도 숫자로 옭아매게 된다. 자신이 만든 숫자의 올가미 속에서 사람들을 선별해 나가는 것이다.

'어울려야 할 사람, 어울리지 말아야 할 사람.'
'나보다 못한 사람, 나보다 나은 사람.'

때로는 자신과 비슷한 숫자를 가진 사람과 만나기도 한다. 그럴 때는 서로의 숫자를 칭찬하고 축복한다. 겉으로 볼 땐 참 좋은 인연 같지만 분명 뒤돌아서서 싸늘한 표정으로 말할 것이다. '나는 너와 다르다고.'

얼마든지 숫자로 사람을 파악할 수 있다고 믿지만, 빗나갈 때가 더 많은 어림짐작일 뿐이다. 아무리 같은 숫자를 가진 사람이더라도 서로의 가치는 천차만별이다.

딱 숫자만큼의 가치를 가진 사람은 이 세상에 존재하지 않는다. 셀 수 있는 숫자가 셀 수 없는 한 사람의 가치를 따라잡을 리 없다. 한 사람이 가지고 있는 숫자는 그 사람의 옵션일 뿐이다. 누구든 자신이 가진 숫자가 전부가 아님을 알기 때문에 노력하는 것이다. 자신이 변하면 숫자도 바뀐다는 것을 알기 때문에 도전한다. 그저 보이지 않는 자신의 가치를 측정하기 위함이라는 거짓말을 하면서. 숫자를 움켜쥐는 것은 시간도 상황도 아닌 오직 자신이어야 한다.

어느 순간부터 숫자 몇 개가 자신을 지키고 남을 해하는 무기가 되었다.

# 풀 수 없는 포장

포장도 내용물에 따라 달라진다.
우선 내용물의 모양에 가장 잘 맞는 상자를 고른다.
그리 크지도 작지도 않은 딱 맞는 상자.
그리고 내용물의 색감과 어울리는 포장지.

사람들은 자신을 포장할 때 무조건 큰 상자를 고른다.
상자에 남아도는 마음은 허영으로 가득 채워진다.
무조건 화려한 포장지로 감싸고는
거추장스러운 리본도 여러 개 단다.
사람들은 포장된 자신을 보고
원래 모습과는 전혀 다른 엉뚱한 상상을 하게 된다.
하지만 포장이 내용물보다 멋진 만큼
포장을 풀었을 때 실망도 커진다. 그래도 그만둘 수가 없다.
화려한 포장을 벗을 때마다 떠난 사람이 한둘이 아니다.
사람들의 기대를 저버리지 않기 위해서라도
끝까지 힘겨운 포장을 하고 다녀야 한다.

포장하고 있는 시간이 길어질수록 점점 자신이 낯설어진다.
도대체 나는 아닌 것 같고, 너는 누구니?

자신을 꾸미기 위한 포장이 결국 자신을 가리기 위한 것이 되어버린다.
속을 알 수 없는 답답하고 무거운 상자는 아무도 궁금해 하지 않는다.

# 터져버린 풍선

뚱뚱하고 못생긴 그녀는 매번 소개팅에 실패했습니다.
소개팅을 할 때마다 그녀의 고민도 점점 깊어져만 갔습니다.
이제는 더 이상 소개팅도 들어오지 않고요.
그래서였을까요?
가엾은 그녀는 외모를 숨기고 대화할 수 있는 채팅을 시도해 봅니다.
자신의 아름다운 마음부터 알아줄 수 있는
남자를 만날 수 있으리라 기대했기 때문이지요.
하지만 남자들은 자꾸만 사진을 요구합니다.
실컷 얘기를 나누다가도 끝끝내 사진을 보여주지 않자
매너 없이 말도 않고 그냥 채팅방을 나가버립니다.
어디서든 외모가 중요하군요!

그래도 포기할 수 없던 어느 날이었습니다.
그녀는 정말로 얘기가 잘 통하는 한 남자와 채팅을 하게 되었습니다.
그는 마음을 더 중요하게 여기기 때문에 외모 따위는
그다지 중요하지 않다고 말합니다.

바로 이 남자인 것 같았습니다.
연락처도 교환하고 매일 통화하며 문자도 주고받았습니다.
서로가 이렇게 친해질 수 있다는 사실만으로도 마냥 행복했습니다.
시간이 지나자 그녀는 그를 만나도 괜찮겠다고 믿었습니다.
전에 없던 큰 용기를 내어
마침내 그와 만나기로 결심했습니다.

데이트 전날, 그녀는 이 옷 저 옷을 번갈아 입어보며
혼자만의 패션쇼를 엽니다.
거울에 비친 모습이 탐탁지는 않지만 어여쁜 미소를 지어봅니다.
데이트 날, 그녀는 약속 장소에 먼저 도착해 그를 기다렸습니다.
그는 어떤 모습일까요?
정말로 자신을 좋아해줄까요?
약간 불안하지만 그래도 그를 믿어봅니다.
아니, 그와의 추억을 믿습니다.
때마침 그에게 전화가 왔습니다.

지금 그녀가 어떤 옷차림을 하고 있는지 물었습니다.
그녀는 상세하게 설명해 주었습니다.
그런데 어찌된 영문인지 그는 그 후로 연락이 없습니다.
아무리 전화를 해도 받지 않습니다.
혼자서 멍하니 서 있던 그녀는
끝끝내 참았던 울음을 터트리고 말았습니다.

그녀의 아름다운 마음은 그를 기대하게 했고 그의 기대감은 풍선처럼 부풀려올랐지만 그녀의 외모는 바늘이 되어 그 풍선을 터트리고 말았던 것입니다.

# 남자의 덤터기

그녀의 얼굴이 예쁘면 화장발이라고 한다.
스타일이 좋으면 날라리라고 한다.
능력이 있어 보이면 신상녀라고 한다.
그녀와 조금이라도 친해지면 가까이서 보니까 별로라고 한다.
그녀에게 다가갈 용기와 자신감이 부족했을 뿐이면서.

남자의 두려움은 이 세상 모든 여자의 미를 부정한다.

# 불행한 행복

친구들 모두가 그녀를 부러워했다.
만날 때마다 그녀의 결혼생활이 얼마나 행복한지를
귀가 따갑도록 들어야 했으니까.
아내밖에 모르는 자상한 남편, 친딸처럼 대해주는 시부모님,
사랑으로 충만한 둘만의 울타리.
그녀의 유난스러운 자랑에
친구들은 다 그런 줄로만 알고 있었다.
하지만 나중에야 알게 된 진실,
그녀의 결혼생활은 무척이나 불행했다.
'행복해! 행복해요! 정말 행복하답니다!'
그녀는 늘 친구들 앞에서 스스로에게 최면을 걸었던 것이다.
정말 행복해지길 간절히 바라면서.

행복도 반복되면 일상적인 것이 되고 만다.
자신의 입장에서 당연한 것은
더 이상 남에게 자랑거리가 되지 못한다.
그래서 가끔씩 친구들의 말을 통해 우연히 깨닫게 된다.
'내가 정말 행복하구나!'
지나치게 행복을 과장하고 있다면
어쩌면 지나치게 불행한 사람일지도 모른다.

행복도 불행할 때가 있다고 합니다. 타인의 행복 속에서 자신의 불행을 발견할 때 행복도 불행해집니다.

# 컬러링

컬러링을 선곡하려다
컬러링을 해지했다.
들어주는 사람이 이 사람일까 저 사람일까
고민이 깊어지자 둘 다 놓아버린다.

고민의 마지막 해결책은 고민거리를 지우는 것일지도.

# 스타일의 요점

시크한 게, 유니크한 게 뭔지
솔직히 잘 모르겠다.
나는 다만 내게 무엇이 잘 어울리는지 알고 있을 뿐이다.
그거면 충분하다.

자연스러움과 깔끔함은 그 어떤 스타일의 편견도 잠재운다. 이 두 가지만 제대로 알고 있어도 스타일은 완성된다.

# 된장녀

당신과 상관없는 돈 씀씀이, 쇼핑 습관, 남자관계 등은 그녀의 라이프스타일일 뿐이다. 당신이 간섭할 필요도 없고 상관할 바도 아니다. 그러나 그녀가 당신의 시야로 들어와 관심을 끌게 되었을 때 그녀는 당신으로부터 '된장녀'라 불리게 된다. 스스로의 능력으로 소비 활동을 하지 않고 애인이나 부모 등에게 의존해 비싼 명품을 즐기는 여성들을 비하하는 속어 말이다.

그녀에게 다가가기도 전에 당신은 어설픈 경험을 내세우고 있다. 그녀는 틀림없이 된장녀의 요소를 두루 갖추고 있다고. 그래서 그녀를 응시하던 눈을 다른 곳으로 돌려버린다. 그때부터 당신의 거침없는 비난이 시작된다. 된장녀의 모든 나쁜 이미지를 그녀에게 가져다 붙이면서.

당신에게 눈길 한 번 준 적 없는 그녀가 왜 당신에게 비난받아야만 하는 것일까? 아무것도 모르면서 그녀를 된장녀라 낙인찍은 건 아닌가?

어느 순간부터 출처를 알 수 없는 말을 빌려 당신은 수많은 여자들을 비방하고 있다. 그녀가 당신에게는 '된장녀'라 불리더라도 다른 남자에게는 아닐 수 있다. 또는 당신이 그녀에게 어떤 존재인가에 따라 그녀가 된장녀라고 불릴 만한 행동을 할 수도 안 할 수도 있다. 함부로 단정지었던 이유는 단 하나.

그렇게라도 해야 당신이 덜 못나 보일 테니까.

바라보기엔 먼 그녀를 '된장녀'라 부르는 것은 아닐까? 남자들은 자신보다 잘난 여자를 한 번 욕하고 깨끗하게 포기한다. 조금만 더 가까이 다가가서 보면 참 괜찮은 여자인지도 모르고.

# 시간

나이 따위 신경 쓰지 않는다.
내 나이가 몇인지 깊이 생각한 적 없으니까.
시간이란 놈은 참 시건방지다.
모르는 척 은근슬쩍 퇴화시켜버린다.
자신이든, 주변 사람들이든, 사랑이든
변하게 하고 또 변하게 해놓고는 보상하는 척
새로운 것으로 덮어버리려 한다.
당연한 듯 재촉해 놓고 놓친 것에 대한 후회는 내 몫이란다.
기억하든 잊어버리든 능력껏 해보라고 한다.
나는 멈추고 싶으면 멈출 것이다.
맘에 안 들면 모래시계처럼 확 뒤집어엎을 것이다.
그리고 처음부터 다시 흘러갈 것이다.

시간을 너무 믿지 마라. 시간은 거짓말을 하지 않고도 당신을 거뜬히
속일 수 있다. 믿을 수 있는 것은 시간이 아니라 시간 속 나일 뿐이다.

# 삭제

삭제하시겠습니까?

예.

삭제하였습니다.

꼭 삭제하고 나서 후회한다.
삭제 과정이 좀 더 복잡했더라도 그냥 놔뒀을 테고,
그냥 둔 것들 때문에 많은 것이 달라질 수 있었을 텐데.

삭제하시겠습니까?

아니요.

이 글을 삭제하려다 그냥 놔둬본다.

# 사라져가는 길

집 앞까지 바래다주는 길, 가파른 오르막길이라도 그가 등 뒤에서 밀어줘서 힘들지 않았고, 밤이면 무서워서 돌아가야 하는 뒷골목도 그와 함께여서 지나갈 수 있었고, 낯익은 얼굴이라도 보이면 혹시 동네 주민들에게 들킬까 봐 잡았던 손도 뺐고, 조금이라도 더 그와 함께 있고 싶은 마음에 평소보다 천천히 걸었고, 키스할 절묘한 타이밍에 옆집 개 짖는 소리에 놀라 아쉬움을 달래야 했다. 잊을 수 없는, 집 앞까지 바래다주는 길의 추억.

하지만 이제는 점점 사라져가는 추억.
어느 동네에 사는지 밝히면 혹시 가난한 우리집 살림이 들통날까 봐 숨겨야 했고, 차로 바래다준다고 해도 싫다며 억지를 부렸고, 그래

도 바래다주면 다른 동네에서 내렸고, 내리자마자 혼자서 도망치듯 뛰어갔고…….

숨겨야 할 많은 것 속에 함께 숨어버린 애틋한 사랑의 추억. 가난은 매정하게도 얼마 되지 않는 추억마저 앗아가버리고 만다!

"어디 사세요?" 상대가 가까운 동네에 살기를 바랐던 마음이 이제는 상대가 부자 동네에 살기를 바라는 마음으로 바뀌었다. 도시 속 보이지 않는 경계선은 기본적인 질문에 대답하는 것조차 망설이게 한다.

## 불공정거래

어떤 장소에 머무를 때,
그곳에서 제공되는 편의의 가격이 예상외로 싸다고 해서
거기서 무의미하게 시간을 허비해서는 안 된다.
싼 가격이 자극한 이익심리에 휘둘려
비싼 가치의 시간을 지불할지도 모른다.
지금이라도 늦지 않았다.
싼 것을 내주고 비싼 것을 앗아가는 불공정 거래는
이제 그만 파기하길 바란다.

싼 것일수록 막 대하게 된다. 시간도 예외일 수 없다.

# 밥 이야기

스트레스 받으면 폭식하고,
생각을 멈추기 위해 먹고,
허전해서 아무거나 먹고.
갖은 걱정으로 예민해져 굶고,
우울하다고 굶고,
다이어트 한다고 굶고.
다이어트 끝났다고 다시 먹고 후회한다.

누군가는 살기 위해 먹는다. 누군가는 먹기 위해 살아간다. 나는 밥이 맛있어서 먹는다. 그래서 내가 가장 즐거운 사람이다.

# 집착

 돈에 집착하는 사람은 지폐 한 장에 온 마음을 던져주고는 돈으로 남은 것들을 산다. 일에 집착하는 사람은 언제나 대가를 갈구하며 삶을 겉돈다. 과거에 집착하는 사람은 현재를 비판하며 일기장에 모든 것을 봉인한다. 미래에 집착하는 사람은 현재를 버리고 망상, 불안과 친구가 된다.

 사람에 집착하는 사람은 타인에게 자신의 영혼을 불어놓고 남은 껍데기로 지켜보는 놀이를 계속한다. 자신에게 집착하는 사람은 자신의 일부를 전체로 만들어 거짓된 자신을 만든다. 그렇게 집착이라는 독한 술에 약한 마음을 희석시켜 모두 마셔버리고 만다. 그때부터 마치 집착이 생존 방식이라도 되는 양 착각하게 된다. 집착은 다섯 손가락 안에 드는 공포의 대상이다.

 집착은 삶과 동일시되어 여러 의미를 뒤집어쓰고는, 그 대상에 따라 다른 방법과 행위를 삶의 목표로 정하게끔 한다. 최대한 미련이 남지 않을 만큼 깊이 빠져들게끔 끊임없이 마음을 조종한다. 쉽게 끝내주지도 않고 끝나더라도 새로운 집착이 시작될 자리를 남겨둔다. 무엇보다도 가장 무서운 것은 집착이 자신의 소중한 모든 것들의 이유가 되어, 집착에 의지하게끔 만든다는 것이다.

집착의 특기는 배반이다. 아무리 애정을 쏟아도 집착은 한 사람의 변덕을 이길 수는 없다. 변덕을 부리는 순간, 집착의 잔재들이 모여들어 비웃기 시작할 것이다. 진심으로 소중하다고 생각하더라도 새로운 집착 앞에서는 웃음거리이며 낭비되는 에너지이기 때문이다. 결국 어리석었던 집착을 비웃고 허무하게 돌아서게 된다.

그제서야 집착의 대상이 주었던 일정한 자극과 반응에만 만족해 왔던 자신이 보일 것이다. 집착하면 할수록 자신을 내주어야 한다. 그래도 집착이 소중하다면 한 번 버려보면 알 것이다.

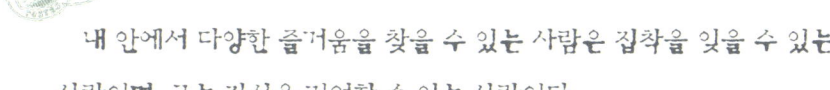

내 안에서 다양한 즐거움을 찾을 수 있는 사람은 집착을 잊을 수 있는 사람이며, 그는 자신을 기억할 수 있는 사람이다.

# 자만

'다 갖췄다'는 것은 자신의 관점일 뿐이다.
다른 사람에게는 한없이 부족할지 모른다.
하지만 자신은 확신한다.
그것이 바로 자만이다.
자신밖에 믿지 않는 것들을
상대방도 믿어줄 것이라 확신하는 것이다.
자신에게는 부족한 것이 없기에
뭐든지 상대방 탓으로 돌려버린다.
자신은 할 만큼 했고 가질 수 있는 만큼 가졌으니
알아주는 것이 당연하다.
하지만 혼자만의 생각일 뿐,
아무리 모든 것을 갖추었다고 해도
상대방이 원하는 것을 알아차리지 못하는 순간,

자신이 확신했던 완벽에 커다란 구멍이 생기게 된다.
그렇다고 다른 사람이 원하는 것까지 다 갖추려 함은
자만보다 더 어리석다.
뭐든 다 가지겠다는 욕심을 부리기보다는
그저 확신하는 자만이 침범하지 못하는
생각의 빈자리 하나쯤 남겨두자.
자신이 가지지 못한 것을 발견하기 위해서,
자신의 전부를 걸고 싶은 소중한 사람의 몫을 위해서.

자만에게 당신의 전부를 빼앗기지 마세요. 자만은 당신의 일부를 전부라고 확신시켜 당신의 전부를 빼앗아간답니다.

# 6장

## 오늘도 좋은 하루

# 만회의 열두 시간

자명종 소리에 벌떡 일어나며.
하루가 시작됩니다.
그녀는 아침 일곱 시부터 저녁 일곱 시까지
작은 회사에 소속되어 시간을 보냅니다.
회사에 출근하자마자 늘 해왔던 일들을 합니다.
익숙해질 법도 하지만 삼엄한 사회생활은
여전히 그녀에게 다양한 사건을 선물합니다.
시시때때로 다가오는 예측불허의 사건들에
그녀의 기분이 휘둘리네요.
기쁜 일도 있지만 애석하게도 좋지 않은 일들이
더 자주 생기기 때문이지요.
오늘도 그녀는 후회, 분노, 실망으로 반나절을 보냅니다.

간신히 일을 끝내고 집으로 돌아가서도
기분이 썩 좋지 않습니다.
계속 찡그리고 있던 그녀는 몸도 마음도 피곤한지
침대에 풀썩 쓰러지고 맙니다.
흐느끼는 소리가 들립니다.
내일 또 반복될 시간이 원망스러운 것일까요?
매일매일 누적되는 스트레스를 어쩌면 좋을까요?

괜찮다.
하루는 스물네 시간으로 이루어져 있다. 하루 동안 한 시부터 열두 시까지 같은 숫자의 시간이 두 번 흘러간다.

당연한 사실이지만 많은 사람들이 두 번의 시간 사이에 경계가 있다는 것을 알지 못한다. 열두 시간을 밖에서 엉망으로 보냈다면 내일이 오기 전까지 만회할 수 있는 열두 시간이 더 남아 있다고 할 수 있다. 남은 열두 시간 동안 여유를 가지고 모든 감정의 찌꺼기들을 씻어내면 된다.

오늘의 잘못과 상처들이 내일까지 침범하지 않도록 너를 위로하면 된다. 괜찮아질 때까지.

## 이어달리기

준비 시작,
탕!

나는 힘껏 달려가고 있다. 결승점이 어딘지도, 언제 도착할지도 모른다. 계속 달려봐야 알 수 있을 듯하다. 많은 사람들이 서로 경쟁하며 함께 달리고 있다. 나를 제치기도 하지만 그래도 같이 뛰는 사람들이 있어 다행이다.

얼마나 달렸을까?
내 옆에서 달리고 있던 한 사람이 갑자기 멈춰 선다. 무언가를 계속 생각 중이다. 점점 작아 보이는 그 사람을 뒤로하고 계속 달린다. 점점 힘이 빠진다. 잠시 쉬었다 가야겠다.

짧은 휴식을 끝내고 다시 뛰기 시작했을 때였다. 내 뒤를 바짝 따라오던 사람이 불같이 화를 내며 왔던 길로 되돌아간다. 또다른 사람은 발을 헛디뎌 넘어져 일어날 생각조차 하지 않고 주저앉아버린다. 나는 멈추지 않고 계속 달린다. 숨이 턱 끝까지 차고 심장 박동 소리가 시끄럽게 들린다. 잠깐 뒤를 돌아보니 아무도 없다.

이제 나 혼자다. 괜히 겁이 나고 포기하고 싶어진다. 이젠 힘도 바닥나 비틀비틀 걷고 있다. 멈춰버리려는 순간, 저 앞에서 누군가가 손짓하는 것이 보인다.

"어서 와. 이제 다 왔어. 그동안 혼자서 고생 많았어."

나는 놀라지 않을 수 없었다. 결승점에서 환하게 웃으며 손짓하고 있는 사람이 나와 아주 많이 닮았기 때문이다. 나보다는 조금 더 크고 여유로워 보이는 사람. 왠지 멋있어 보이는 그 사람이 좋다. 믿음이 간다. 그래서 의지하고 싶어진다. 이제 정신을 차리고 안간힘을 다해 달려간다. 꼭 쥐고 있던 바통을 그 사람에게 넘긴다. 그 사람은 마치 날개를 단 것처럼 사뿐사뿐 달려나간다. 그 사람의 예쁜 미소가 바람에 흩날린다. 익숙한 향기를 머금은 바람이 기분 좋게 나를 스치고 있다.

혼자 남겨져서 맛보는 자신과의 싸움. 답을 알 순 없어도 열심히 달려가는 것이 바로 '성숙'이다. 우리는 그렇게 한 번의 난관을 극복해 내고 더욱 성숙해진 자신과 만날 수 있다. 성숙은 이어 달리기를 하는 것과 같다. 힘겹게 바통을 넘겨주는 일이 수차례 거듭될 것이다. 그렇게 한 번의 성숙을 겪을 때마다, 세상이 나를 중심으로 다르게 돌아갈 것이다.

# 아름다운 착각

내게는 아직 누구에게도 말한 적 없는 비밀이 하나 있다. 특별한 만남 앞에선 끊임없이 자기암시를 하는 것이다.
'저 사람은 틀림없이 나를 좋아하게 될 거야!'

자기암시는 언제나 큰 효력을 발휘할 뿐만 아니라 생각 외의 만족감을 준다. 누구를 만나든 가장 '나'다울 수 있도록 해주기 때문이다. 나를 싫어할 것 같은 불안을 안고 시작된 만남은 항상 상대방이 좋아하는 틀에 자신을 맞추게 한다. 상대방에게 조금이나마 잘 보이기 위해서 나를 잃어버리고 마는 것이다. 하지만 상대방도 나를 좋아하게 될 거라는 믿음을 가진다면 실제로 상대방이 지금 내 모습을 좋아하게 된다. 만약 지금 모습에서 크게 벗어난다면 역효과가 날지도 모른다. 그래서 상대방 앞에서만큼은 가장 나다운 모습이 되는 것이다.

그런 내 모습에 상대방도 솔직해질 수 있다. 꾸밈없는 모습을 보면서 내가 거짓환상으로 둘러싸인 사람이 아님을 알게 되기 때문이다. 결국 만남의 시간 속에서 서로를 똑바로 마주보고 제대로 대화를 나

눌 수 있다. 대화를 통해 상대방을 알아갈 수 있고 진심을 말할 수도 있다. 이처럼 상대방이 나를 좋아하게 될 거라는 자기암시만 있다면 보여줄 수 있는 것도 느낄 수 있는 것도 많아진다.

어쩌면 나 혼자만의 착각일지도 모른다. 하지만 상대방이 끝내 나를 좋아하지 않더라도 괜찮다. 적어도 마음이 타들어가고 불안하기만 했던 것은 아니었기에 또다른 만남을 준비할 수 있는 용기가 남는다.

사랑받게 되리라는 아름다운 착각 속에 아름다운 만남이 있었다. 만남이 계속 이어질지는 불투명하지만 서로가 잃은 것도, 속은 것도 없다.

# 병아리의 꿈

　햇살이 따사로운 봄날입니다. 제법 큰 병아리 한 마리가 가만히 하늘을 올려다보고 있습니다.
　병아리는 눈이 부셨습니다. 한참 동안 하늘을 바라보았고 병아리의 작은 마음속까지 하늘이 펼쳐졌습니다. 어쩜 저리도 예쁜 파란색일까요? 뭉실뭉실 떠다니는 구름은 어쩜 저리도 포근해 보일까요?
　병아리는 매일매일 하늘을 보리라 다짐했습니다.
　그때였습니다.
　아름다운 하늘을 자유롭게 날고 있던 비둘기가 땅으로 내려와 병아리에게 말을 걸었습니다.
　"병아리야, 이쪽으로 오렴. 아주 좋은 곳이 있단다. 너도 날개가 있잖니? 한번 날아보렴."

병아리는 비둘기와 하늘을 번갈아 보다가, 미소를 지으며 대답했습니다.

"아니야, 나는 저곳을 바라보는 것만으로도 좋아. 지금은 날지 못하지만, 나도 언젠가는 날 수 있을지도 몰라."

병아리가 보는 맑은 하늘처럼 그저 바라보는 것만으로도 좋은 그것은 바로 '꿈'일 것이다.

꿈이란 이루기 위해서가 아니라 바라보기 위해서 존재한다. 꿈을 꾸는 그 자체만으로도 힘내서 살아갈 수 있기 위함이다.

꿈을 바라보는 데 유효 기간이란 없다. 지쳤다면 하늘만큼 아름다운 당신의 꿈 한 번 보고 시작하는 것이 어떨까?

# 소년과 바다

바다로 둘러싸인 작은 섬마을에 한 소년이 살고 있었습니다.
소년은 항상 불만에 가득 차 있었습니다.
자신이 비린내 나는 가난한 어촌에서 태어난 것을
원망했기 때문입니다.

소년은 하루 빨리 섬을 벗어나
훨씬 더 넓고 멋진 곳으로 가고 싶은 생각뿐이었습니다.
자신이 초라한 섬마을과 어울리는 사람이 아니기 때문에
이곳에서 할 일도 없다고 생각했습니다.
그렇게 소년은 아무것도 하지 않은 채
마을을 벗어날 궁리만 했습니다.
하지만 아무리 고민해도
벗어날 수 있는 방법이 떠오르지 않았습니다.
시간이 지날수록 소년은 섬마을뿐만 아니라
아무것도 하지 못하는 자신까지도 원망하게 되었습니다.

어느 날, 소년은 답답한 마음에 해변가를 거닐다가
어부인 자신의 형과 만났습니다.
바다에서 힘겹게 그물을 걷어올리고 있는 형에게 다가가
소년은 불만 섞인 목소리로 말을 걸었습니다.

"형, 지겹지도 않아?
나는 형처럼은 살지 않을 거야.
평생 낚시나 하면서 사느니 차라리 죽는 게 나아!"

소년보다 여덟 살이나 많은 형은 굳은살투성이의 손으로
소년의 머리를 쓰다듬으며 말했습니다.

"동생아, 네가 죽기보다 싫어하는 낚시가
내게는 삶의 희망이란 것을 아니?
차갑고 거센 바다에서 살아가기 위해서 나는 낚시를 하고 있단다.
남들이 보기에는 보잘것없는 어부일지도 모르지.

하지만 지금보다 더 나아지기 위해
하루하루 이곳에서 노력하고 있어.
손이 부르트도록 그물을 만들기도 하고
수천 번 낚싯대를 던지는 연습도 하지.
몇 달이 걸렸지만 내 손으로 작은 배 한 척도 만들었어.
이제 훨씬 더 먼 바다까지 나갈 수 있어.
그곳에서 분명 내가 모르는 것들을 발견할 수 있을 거야.
생각만 해도 기뻐.
네가 정말 원한다면 이곳을 떠나도 좋아.
하지만 아무 준비도 되어 있지 않은 너에게는
정말 위험한 항해가 될 거야.
너는 지금껏 충분히 바다를 알 수 있었는데도
알려고 하지 않았어.
바다를 모르면서 과연 저 먼 바다를 건널 수 있을까?"

형의 말이 끝나자마자 소년의 마음속으로
고슴도치 한 마리가 들어왔습니다.
어디가 아픈지도 모른 채 수없이 찔리고 또 찔립니다.

자신이 속해 있는 공간에서 적응하길 거부하는 사람은 더 나은 공간으로 도전할 수 있는 힘이 없는 사람이다. 지금 상황에 적응할 수 없다면 그 이상을 기대할 수 없다. 적응력을 발휘할 때만 겪을 수 있는 경험과 인내가 많은 힘을 주고 그 힘이 새로운 도전을 할 수 있게 해주기 때문이다.

불만투성이의 사람이 겉돌기만 하는 사이에 무서운 적응력을 발휘하는 사람은 자신만의 행복한 왕국을 만들 것이다. 그리고 머지않아 또다른 곳으로 뻗어나갈 것이다.

# 내가 아는 것

어린 시절, 꿈과 희망이 뭉실뭉실 부풀어올라 구름이 되었던 것을 기억한다. 환하게 빛나던 거대한 구름은 나를 포근히 덮어주었고 따스한 구름의 감촉은 나의 전부였다. 구름과 나는 하나가 되었고, 그때 구름은 가슴 아플 만큼 아름다웠다.

이제 그때의 구름은 보이지 않는다. 구름은 슬픈 비가 되어 흘러내린다. 춥고 초라한 나는 '그래도 어떻게든 되겠지'라고 생각하며 살아갈 뿐이다.

이미 과거의 꿈과 희망은 사라졌고 현재는 너무나도 명확하다. 지금의 나에게 몇 번이고 상기시킨다.

"이것이 너다."

"이제야 알았니?"

나는 지지 않고 대든다. 누구보다 내가 날 잘 안다고 고함친다. 그래서 아무것도 할 수 없을 것 같다고 울부짖는다. 나를 알지 못하는 불안, 나를 알기 때문에 느끼는 실망과 포기는 계속 나를 해치고 있다.

도대체 뭘 모르고 뭘 안단 말인가?

아는 것도 모르는 것도 나의 일부에 지나지 않는다.

가장 빛났던 기억 속 나와 가장 어두운 기억 속 나는 다르지 않다. 나라는 존재의 가치를 담고 있는 작은 역사는 죽기 전까지 흘러간다. 그 속에서 나는 예전부터 계속 살아가고 있다.

나를 둘러싸고 있는 세상이 변하고 나를 알든 모르든 나는 변함없이 존재한다. 그때보다 조금 더 나이가 들었고, 고민이 많아졌을 뿐이다.

비가 그치고 하늘이 갠다. 어린 시절처럼 거대한 구름은 쉽사리 생기지 않지만 시리도록 파란 하늘을 알게 되었다. 그 선명함과 광활함 속에 내가 있다. 그것이 내가 아는 전부다.

# 내일 생각합시다

괴성 한 번 지르고 미친 듯 비틀거리다가
한꺼번에 무너지고 싶은 기분.
언젠가 그렇게 하더라도 오늘은 일단 웃자고!

오늘은 여기까지. 내일도 심심하진 않겠지?

… 날씨

날씨는 매일매일 바뀐다.
그 변화무쌍함에
치밀하고 과학적인 일기예보도 빗나가곤 한다.
나는 그런 날씨 때문에 곤란해질 때가
한두 번이 아니다.
그래도 날씨의 변덕을 용서해 줄 수밖에 없다.
날씨는 가장 매력적인 방법으로 보상해 주기 때문이다.
매일 다른 하늘을 보여주고, 공기를 바꿔주고, 경치를 바꿔준다.
'너무 춥다', '너무 덥다'라는 핑계를 만들어주고
색깔이 다른 다양한 무대를 만들어주고
떠올리기 쉬운 추억의 배경을 만들어준다.
그리고 고맙게도 하루하루가 다를 수밖에 없다고 말해 준다.

아무래도 기분이 나아지질 것 같지 않다면 그저 날씨 속에 기분을 맡겨보는 것은 어떨까? 흐려져도 분명 다시 맑아질 테니까.

# 해외여행

돈과 여유만 있다면 해외여행을 가고 싶다는 사람들이 많다. 제일 먼저 가까운 일본을 가고 중국이나 태국에 간다. 그다음엔 미국을 다녀오고 유럽에 가고 이집트에도 간다. 한 번 외국에 다녀온 사람은 기회가 생길 때마다, 기회를 만들어서라도 외국으로 떠나려 한다.

돌아온 후에는 여행의 시작부터 끝까지 정신없이 찍은 사진들을 홈페이지에 올리느라 바쁘다. 방문객들은 근사한 배경이 담긴 사진들을 보면서 감탄의 댓글을 단다. 대부분은 해외에 자주 가는 사람을 동경하며 자신도 꼭 가보리라 다짐한다.

한평생 해외에 한 번도 못 나가는 경우도 많다. 그렇다고 해외여행과 견줄 만한 감흥을 못 느끼는 것은 아니다. 비행기에 올라타고 높은 하늘을 날아가는 것보다 익숙한 거리를 거니는 사람이 더 많은 것을 느낄 수도 있다. 철저하게 준비해서 해외여행을 다니는 사람이라 하더라도 마치 탐험하듯 동네 한 바퀴를 도는 사람과는 비교가 안 된다. 한 벌의 추리닝이 명품 선글라스와 환전한 달러를 이기는 것이다.

이왕이면 여러 나라를 가볼수록 좋다고들 한다. 하지만 어디를 가든지 그곳에서 느낀 단순한 자극과 제한적인 새로움은 쉽게 잊혀질 신기함일 뿐이다. 마치 부유한 자유인이라도 된 듯 착각에 빠져 낯선 곳을 미화하기도 한다. 그러한 착각은 다시 돌아가는 것을 힘 빠지게 하고 떠나기만을 갈구하게 만든다. 돌아온 순간부터 원래 있던 곳은 아무런 감흥도 없는 따분한 일상이 반복되는 곳으로 여겨진다.

　아무리 멋진 곳에 다녀왔더라도 자신의 일상을 시시하게 만든다면 안 간 것보다 못하다. 익숙한 거리조차 제대로 못 걷는 다리로 멀리 떠나 제대로 걸을 수나 있겠는가? 이국의 독특함과 매력을 동경한다고 해도 어차피 같은 하늘 아래이다. 그 하늘 아래에서 무엇을 느끼는가는 본인에게 달렸다.

　진정으로 즐길 줄 아는 사람은 제대로 느낄 줄 아는 사람이며 느낌은 시간과 공간의 제약을 받지 않는다.

# 어느 취업준비생의 낭만

백수생활 9개월째.
제법 운치 있는 한강을 벗 삼아,
짭짤한 과자 한 봉지 안주 삼아 시원한 캔 맥주를 들이켠다.
그래도 어제와는 다른 오늘이라며 나를 다독거려본다.
영어학원에나 등록해야지, 큰맘 먹고 시내로 나간다.
평일에도 바빠 보이지 않는, 같은 처지의 사람들을 보며
잠시나마 위안을 얻는다.
지갑을 몽땅 털어서 가족들과 함께 먹을 빵을 산다.
아직도 뜨끈한 빵을 한 아름 안고서 콧노래를 부른다.

집으로 돌아오는 무더운 길, 진동하는 여름 냄새를 맡아본다.
여름만의 추억들이 펼쳐지고 입가에 미소가 번진다.
피곤함이 가시고 발걸음은 가벼워진다.
집으로 오자마자 컴퓨터 앞에 앉아
눈이 시리도록 일자리를 찾아본다.
만만치 않은 조건에, 한숨이 작은 방을 가득 채운다.

그래도 설마 어디 한 군데 일할 때 없겠냐며
언젠가를 기약해 본다.
어머니께서 챙겨주신 맛난 야식을 천천히 먹으며
긴 밤을 채우려 한다.
오늘은 웬일로 귓가에서 웽웽거리던 모기 소리가 들리지 않는다.
다행이다. 그만 불 끄고 눕자.
꿈속에서 기분 좋은 미래 여행을 할 것만 같다.
베개에 머리를 대자마자 소르르 잠이 든다.


빨리 지나가버려야 하는 시간이라고 해서
불행하거나 소중하지 않은 것은 아니다.
더딘 시간일수록 아낌없이 생각의 빈자리를 내주기 때문이다.
그 빈자리는 빠르게 보낸 시간 속에서 놓쳐버린 것들로 채워진다.
다시 찾아낸 것들에 대한 새로운 감동이
더딘 시간을 적셔가게 될 것이다.
모르고 지낸 소소한 일상의 소중함이

잔잔하게 마음을 울리는 낭만이 된다.
낭만은 더딘 시간을 아련하게 되새길 수 있도록 한다.
그러니 감각을 곤두세우고 느껴라.
머물러 있는 시간이 많을수록 마음껏 생각하면 된다.

내일도 모레도 더딘 하루일지라도 낭만적인 상황 앞에 가벼워진 마음으로 '좋다. 좋다. 좋다'라고 말할 수 있기를. 이것도 저것도 내키지 않을 때는 그냥 실컷 울어버리기를.

## 요술봉 한 자루

교생 실습 마지막 날,
교생 선생님이 우리 반 전부에게
보라색 볼펜을 한 자루씩 나눠주었다.
검정색 볼펜은 자주 사용해서 금방 닳는다고
보라색 볼펜을 선택한 거란다.
내가 받은 볼펜에는
작고 예쁜 종이가 리본처럼 묶여 있었는데
펼쳐보니 깨알 같은 글씨로 이렇게 적혀 있었다.

창민이는 우리 반 개구쟁이지만 웃는 모습이 참 예뻐.

나뿐만 아니라 우리 반 모두가
짧지만 각자의 개성을 잘 표현한 편지를 선물받았다.

광일이는 얼굴도 잘 생기고 공부도 잘하니까
대학 가면 인기 만점이겠네.

성호는 성실하고 훈훈한 마음을 가지고 있단다.
필성이는 너무 재미있는 학생이라서 선생님이 즐거웠단다.

비록 500원짜리 볼펜 한 자루였지만
모두가 감동을 받았다.
벌써 십 년이 훨씬 넘었지만
아직까지 나는 교생 선생님을 잊지 않고 있다.
그 전날 밤, 그녀는 밤을 잊은 애정과 정성으로
자신을 아주 오랫동안 기억하게 만드는 요술을 부렸던 것이다.

생각지도 못한 작은 요술이 부려질 때마다 추억이 늘어간다. 아련한 추억을 선물하는 사람은 초자연적인 능력을 부리는 사람보다 더 위대하다.

# 둘만의 힘

**내가 네 앞에 서서 바람을 막아줄게!**
(바람이 막아질 리 없겠지만 그래도 한결 따뜻하겠지.)
**내가 들어줄게 이리 줘!**
(무겁진 않지만 그래도 한결 가볍겠지.)
**내가 따라가줄게!**
(방해만 될지 모르지만 그래도 한결 든든하겠지.)


혼자서 해도 되는 것들이어서
남들은 굳이 도와주지 않아도 되는 일이 있다.
하지만 사랑하는 사람이라면
혼자 할 수 있어도 힘을 보태어준다.
늘 혼자 해왔던 일을 둘이 함으로써
혼자가 아님을 느끼게 한다.
사랑을 하면 결코 혼자가 되지 않는다.
하지만 아무리 사랑해도 혼자라고 느낄 때가 있다.
사소한 도움 따위 필요하지 않다고

생각하기 때문이다.
똑똑한 척하는 사람들은 사랑을 해도
혼자일 때는 혼자, 둘일 때는 둘이라고 말한다.
현명하고 실용적인 방안으로 대처해 나간다.
"바람이 많이 부니까 그만 집에 들어가자!"
"무거우면 택시 타고 가!"
"잘 아는 친구와 함께 가면 되겠네!"
안 해도 되는 것들을 같이하는 사람의 사랑이
더 크다는 것을 모두가 아는데도
매번 차가운 실수를 하고 만다.

둘이 되어도 혼자일 때와 전혀 달라질 것이 없다면
다시 혼자로 돌아가게 된다. 사랑해서 한결 나아지길
바라는 것도 사치가 되어버린다.

# : 전화번호부 ≫ 전화번호 찾기 ≫ 아버지

    나는 동년배들에 비해 아버지와 전화통화를 자주 하는 편이다. 아버지와 긴 통화를 하고 있는 나를 보고 사람들은 '파파보이'로 오인하기도 한다. 그럴 때마다 "아버지와 떨어져 지내기 때문"이라고 둘러대곤 하지만 내게는 그렇게 할 수밖에 없는 다른 이유가 있다.
    지금 아버지는 젊음과 아득한 거리에 서서 노을이 물든 하늘을 바라보고 계신다. 나는 영원할 것만 같은 젊음 속에서 아버지가 지어주신 창민이라는 내 이름처럼 푸른 하늘을 바라보고 있다. 아버지는 결코 "아들아, 이리로 오너라"라고 말씀하시지 않지만 나는 "아버지, 이리 오세요"라고 말한다. 세월이 지나면 볼 수 없는 나의 푸른 하늘을 아버지께 보여드리고 싶기 때문이다.

    어린 시절, 어스름이 깔린 차가운 새벽 하늘을 바라보던 나를 위해 아버지는 당신의 푸른 하늘을 내주셨다. 하늘이 저물어야 다시 밝아지듯, 아버지는 저물어가는 당신의 시간대를 꼭 붙들고 언제나 아들의 행복만을 바라셨다. 그 덕분에 나는 맘 놓고 성장할 수 있었고 항상 해맑게 웃을 수 있었다.

이제 내 차례가 된 것뿐이다. 아버지가 그러셨던 것처럼 나는 저물어가는 하늘을 바라보고 계신 아버지를 반드시 나의 푸른 하늘 밑으로 모셔올 것이다. 그러기 위해서 아버지께 내 젊음의 이야기들을 끊임없이 들려드리고 있다. 내가 겪고 있는 젊음의 사건들과 낭만을 아버지와 공유할 수만 있다면 아버지도 푸른 하늘을 보실 수 있으리라 믿기 때문이다. 이것이 내가 아버지께 자주 전화를 거는 이유다.

나는 오늘도 아버지께 전화를 걸어 내가 보고 느낀 것을 말한다. 또한 아버지가 잊지 않도록 되물어본다. 가끔 아버지의 단축키를 누르고 눈에 익은 전화번호를 볼 때면 마음이 저려온다. 언젠가는 사라질 번호라는 생각에서이다. 하지만 괜찮다. 아버지께 들려드릴 내 이야기는 아직도 끝이 없기에.

아버지! 저 푸른 하늘에 떠 있는 구름 위에 아버지를 올려드리고 싶어요. 당신이 생을 다하는 날까지 저의 모든 하늘을 보여드릴게요.

# 비가 오면

나는 비를 좋아한다.
교복이 다 젖는 줄도 모르고 비를 맞았고
물방울이 맺힌 투명한 창문을 한참 바라보곤 했다.
귓가에 울리는 빗소리는 세상 어떤 음악보다 매력적이다.
묘한 설렘으로 무작정 밖으로 나가 비 오는 거리를 걷다 보면
아름다운 영화 속 한 장면에 서 있는 것 같다.
그 순간 잊고 있던 추억이 떨어지는 빗방울처럼 나를 적셨다.
아련한 그리움이 내 마음을 타고 흘러내렸다.

오늘도 비가 온다.
나는 모든 감각을 곤두세우고 생각하기 시작한다.
진동하는 물 냄새를 맡다 보면 또다시 무언가 떠오르겠지.
가끔은 우울하지만 전혀 나쁘지 않다.
맘껏 생각하고 느낄 수 있는 내 마음이 고마울 뿐이다.
내가 살아 있는 한 비는 내리겠지.
아침이 오고 밤을 기다리듯.
날이 개어도 언젠가 비는 다시 내리고 나는 또 생각에 빠지겠지.

잊을 만하면 내리는 비처럼 당연한 듯 반복되는 것들을 새롭게 바라보기 시작한다면 새로운 기분도 계속 만끽할 수 있을 것이다.

# 리셋

고마워요. 알려줘서.
B형을 만나면 안 된다는 것을.
그런 일을 하는 사람은 별로라는 것을.
그렇게 생기면 정이 안 간다는 것을.
전부 당신을 만나서 알게 되었어요.
이제 다시는 당신 같은 사람을 만나지 않겠어요!

누구나 범하기 쉬운 성급한 일반화의 오류.
이별의 아픔을 안겨준 사람의 일부만으로
모든 사람을 결론짓는다.
그러고는 '또 걸리기만 해봐라'는 심정으로
자신의 단단한 마음에 덫을 놓는다.

머리 굴려서 대비하지만
절묘한 운명조차 그 덫에 희생당할지도 모른다.
정말 자신을 사랑하는 사람이 다칠지도 모른다.

어디까지나 그 사람은 그 사람일 뿐이다.
고유명사와 대명사를 혼돈해서는 안 된다.
사랑하는 사람이 바뀐다면 리셋하고
처음부터 다시 시작해야 한다.

사람은 추론의 대상이 아니다.
사람은 직접 겪으며 알아가야 하는 대상이다.

## 향기

나를 스치고 지나가는 달콤한 향기를 맡아본다.
아득하지만 익숙하다.
순간이지만 기억난다.

잊고 있던 추억을 떠올리고 잠시 생각에 잠긴다.
짧지만 특별한 순간이다.
오랜 시간이 지나 나의 향기를 기억하는 누군가
우연히 그 향기를 맡는다면
무슨 생각에 잠길까?

향기는 단 한 사람의 고유한 추억과 함께 반응한다.

# 기억

　내겐 참 많은 기억이 남아 있다. 기억의 이어짐으로 여기까지 왔나 보다. 기억하고 싶은 것만 기억하기에 더 세게 움켜쥘 수 있었나 보다. 눈물 나게 감상적이던 날도 이제 과거가 되어 내 마음 어디에 둬야 하나 고민한다. 또 언제가 될지 몰라 조심스레 꺼내본다.

　그래, 이 음악이었던 것 같다. 거울과 마주 앉아 뿜어내는 담배 연기. 허공 사이로 사라지는 연기를 바라보며 지워버렸던 날. 과장된 결핍을 드러내 보이며 갈망했던 날. 내 전부를 걸었다고 믿으며 사랑했던 날. 흘려보낸 시간들은 허황된 꿈에 묻혀 아득해지고 있다고, 그것이 변하지 않은 진리라고 믿는다. 이토록 기억에 집착하는 것은 다시 돌아갈 수 없음을 알기 때문이다.

　안녕, 오늘도 기억해 내서 고마워.

그때의 구멍 난 심장 속으로 들어오는 바람은 언제나 환영이야.

에필로그

# 흔들리던 그때,
# 누군가 나를 붙잡아주었다면……

　우리는 멈춰진 자리에서도 흔들리고 있다. 가까스로 어딘가에 안주하더라도 멀지 않은 곳에서 또다른 미동을 느끼며 불안해한다. 우리는 꽤 오랫동안 상반되면서도 닮아 있고 교묘하게 연결되는 삶의 기로에서 자신의 의지와는 상관없이 극과 극을 달리고 있다.

　스스로를 지워버리고 싶을 만큼 아파하면서도 자신을 사랑할 수밖에 없는 우리는 갖가지 의문과 집착으로 내가 나로서 살아가는 것이 힘겨웠다. 때론 사랑에도 미칠 듯 의지해 보지만 쉽게 마비되는 감정 앞에서 달콤한 연인이 아닌 마주치지 않을 한 남자와 한 여자로 사랑은 끝나버렸다. 마음 둘 곳 없어 친숙하고 편안한 사람에게 눈을 돌려보지만 함께 추억을 만들기도 어려웠다. 좀 더 시야를 넓혀 밖으로 나가보니 그곳에는 가질 수 없는 것들만 가득했고, 우리는 그것들에 비교당하기 전에 도망가기 바빴다. 결국 마음의 문을 닫아버리고 오직 망상에만 기대보지만, 꿈은 현실의 복사판이 아닌 허무함의 산물이었다.

우리는 끊임없이 상처받고 흔들려왔고, 주체할 수 없는 두려움과 혼란으로 그 흔들림은 점점 버거운 존재가 되었다. 차라리 흔들리는 대로 몸을 맡겨버리자며 떠오르는 생각과 의문을 밀쳐내곤 한다. 그러나 약한 바람에도 겁먹는 우리 영혼은 흔들리고 몸부림칠수록 불안에 휩싸이고 만다. 운명으로 받아들이기에는 답답하고, 모른 척 하고 살기에는 울렁거린다. 어떤 자극과 변수에도 동요되지 않고 살아가고 싶지만, 살아 숨 쉬는 한 우리는 계속 흔들릴 것이다.

이제 우리는 흔들리는 것들을 이해하고 각자의 방식으로 받아들일 수밖에 없다. 세상의 흔들림이 유동적이고 예측불허로 다가왔다면 우리는 똑같은 방법으로, 아니 더 나은 해석으로 중심을 잡을 것이다. 도저히 어떻게 할 수 없는 세상의 높은 벽이 나타나더라도 그 벽에 아름다운 그림을 그려볼 것이다. 남들과 다른 눈으로 세상을 바라보며 우리의 생각을 확장시켜 갈 것이다. 다양하게 경험하고 끊임없이 고민한 사람만이 얻을 수 있는 믿음으로 세상과 계속 소통할 것이다.

어쩌면 지금까지의 흔들림으로 너무 멀리 와버렸는지도 모른다. 이미 우리 눈은 가질 수 없는 것만을 향하고, 귀는 달콤한 거짓말만을 듣고, 입은 눈치를 보며 말하고, 마음은 부서진 채로 닫혀 있고, 생각은 몇 개의 덩어리로 굳어져 있다.

기억하고 싶지 않을 만큼 흔들렸던 그때로 돌아가 다시 한 번 그 흔들림을 겪어보면 어떨까? 이번에는 어린 시절의 천진난만한 마음으로 마치 그네를 타듯 흔들려보면 어떨까? 올라갈 때는 푸른 하늘을 바라보고 내려올 때는 탄탄한 지면을 확인하고……. 이제 신나게 발길질도 하고 휘파람도 불어보자. 달콤한 흙 냄새를 맡으며 기분 좋은 바람에 몸을 맡겨도 괜찮다. 저 하늘까지 닿을 듯 높이높이 올라가는 기분으로. 그렇게, 이 책이 우리를 위로해 줄 것이다.

당연한 의문과 의미도 그냥 지나치지 않으리라는 다짐으로 이 책에 나의 모든 고민과 경험, 사랑을 담았다. 단 한 사람이라도 공감한다면 그 사람에게 끝까지 믿고 갈 수 있는 소중한 것들을 전해주고 싶다.

2009년 11월
흔들림의 중심에서
송창민

Thanks to

존경하는 부모님, 송보미, 이종혁, 김지훈
그리고 진심으로 사랑할 줄 아는 쿨카 식구들.

**찰칵찰칵**

초판 1쇄  2009년 11월 10일
초판 2쇄  2009년 12월 15일

**지은이** | 송창민
**펴낸이** | 송영석

**편집장** | 이진숙 · 이혜진
**기획편집** | 차재호 · 김정옥 · 정진라
**외서기획** | 박수진
**디자인** | 박윤정 · 박새로미
**마케팅** | 이종우 · 한명회 · 김유종
**관리** | 송우석 · 황규성 · 전지연 · 황지현

**펴낸곳** | (株)해냄출판사
**등록번호** | 제10-229호
**등록일자** | 1988년 5월 11일

서울시 마포구 서교동 368-4 해냄빌딩 5 · 6층
**대표전화** | 326-1600  **팩스** | 326-1624
**홈페이지** | www.hainaim.com

ISBN 978-89-7337-792-3

파본은 본사나 구입하신 서점에서 교환하여 드립니다.